同济大学校友发展研究系列丛书

同济大学校友发展蓝皮书
——110周年校庆特别版

同济大学校友会　编著
同济大学社会学系

内 容 提 要

同济大学建校至今已走过了百余年的风雨历程,培养了超过 30 万的校友。校友的发展和社会贡献是学校人才培养成果的集中体现,校友是学校发展最可信赖和依赖的社会力量。

由同济大学校友会牵头,同济大学社会学系负责实施,开展了首次"同济大学校友发展研究项目",通过定量与定性的研究方法,对近 7 000 位校友开展了调研,主要研究内容围绕校友们的求学经历、校园生活、校园印象与评价、就业和创业经历、职业发展等主题展开,最终形成本书,并以此作为全体同济人为母校 110 周年校庆献上的一份特殊的礼物。

图书在版编目(CIP)数据

同济大学校友发展蓝皮书:110 周年校庆特别版 /
同济大学校友会,同济大学社会学系编著. ―上海:同
济大学出版社,2020.8
　　ISBN 978-7-5608-9389-1

Ⅰ. ①同… Ⅱ. ①同… ②同… Ⅲ. ①同济大学—校友—生平事迹 Ⅳ. ①K820.7

中国版本图书馆 CIP 数据核字(2020)第 203827 号

同济大学校友发展蓝皮书——110 周年校庆特别版
同济大学校友会　同济大学社会学系　**编著**
责任编辑　丁会欣　　**助理编辑**　裴晓霖　　**责任校对**　徐春莲　　**封面设计**　陈益平

出版发行	同济大学出版社　www.tongjipress.com.cn	
	(地址:上海市四平路 1239 号　邮编:200092　电话:021-65985622)	
经　　销	全国各地新华书店、建筑书店、网络书店	
排　　版	南京文脉图文设计制作有限公司	
印　　刷	上海安枫印务有限公司	
开　　本	787 mm×1092 mm　1/16	
印　　张	10.5	
字　　数	262 000	
版　　次	2020 年 8 月第 1 版　2020 年 8 月第 1 次印刷	
书　　号	ISBN 978-7-5608-9389-1	
定　　价	98.00 元	

本书若有印装质量问题,请向本社发行部调换　　版权所有　侵权必究

前　　言

同济大学建校至今已走过了百余年的风雨历程，培养了超过30万的校友。一代代同济人秉承着"同舟共济"的信念，在各自的工作领域和岗位上兢兢业业、锐意进取、报效国家、造福人类，为社会的发展贡献同济智慧，发挥同济力量，同时也为母校增光添彩。校友们所取得的优秀成绩，离不开个人的努力，但也深深刻上了同济的印记；"严谨、求实、团结、创新"的同济校风也时时熏陶着每一代同济人。

2017年，为迎接同济大学110周年校庆，由同济大学校友会牵头，同济大学社会学系负责实施，开展了首次"同济大学校友发展研究项目"，希望能够集结校友力量，总结校友发展规律，倾听校友对母校人才培养的反思与建议，最终形成《同济大学校友发展蓝皮书——110周年校庆特别版》，并以此作为全体同济人为母校110周年校庆献上的一份特殊礼物。

该项目于2016年10月正式启动，通过定量与定性的研究方法，对近7 000位校友开展了调研，主要围绕校友们的求学经历、校园生活、校园印象与评价、就业和创业经历、职业发展、校友们在不同领域所取得的杰出成就，以及他们对同济大学未来发展的殷切希望和美好祝愿。

校友的发展和社会贡献是学校人才培养成果的集中体现，校友是学校发展最可信赖和依赖的社会力量。同济大学校友会将以此项目为开端，持续开展系列校友发展调研。这不仅可以为学校的发展提供敏锐而独到的视角，同时也是深化教育改革创新，加快推进我国教育现代化，培养能担民族复兴大任的社会主义建设者和接班人中的重要一环。

本书大部分内容成稿于2017年5月，现将内容重新整理并正式出版。在此，诚挚地感谢所有参与过此次调研并无私奉献的校友、老师和同学们！是对同济的热爱让我们走到了一起，并共同完成了此项工作。

同济大学校友会
同济大学社会学系
2019年11月

目　　录

前言

第一章　研究概况 …………………………………………………………… 001
　　第一节　研究背景 ……………………………………………………… 002
　　第二节　研究意义与目的 ……………………………………………… 002
　　第三节　研究方法与过程 ……………………………………………… 003
　　　　一、问卷调研 ……………………………………………………… 003
　　　　二、个案深访 ……………………………………………………… 005
　　　　三、小组座谈 ……………………………………………………… 007
　　第四节　研究内容 ……………………………………………………… 007

第二章　定量研究 …………………………………………………………… 009
　　第一节　入学与本科生活 ……………………………………………… 010
　　　　一、本科校友的入学差异 ………………………………………… 010
　　　　　　（一）入学生源地的区域差异 ………………………………… 010
　　　　　　（二）入学生源的性别差异 …………………………………… 012
　　　　二、专业学习与深造 ……………………………………………… 013
　　　　　　（一）校友专业与学习成绩 …………………………………… 013
　　　　　　（二）求学深造 ………………………………………………… 015
　　　　三、本科生活记忆 ………………………………………………… 017
　　　　　　（一）本科学号记忆 …………………………………………… 018
　　　　　　（二）教师与课程记忆 ………………………………………… 019
　　　　　　（三）校园生活印象与满意度 ………………………………… 019
　　第二节　展翅翱翔（就业与创业）……………………………………… 027
　　　　一、初入社会 ……………………………………………………… 027
　　　　　　（一）第一份工作的获取途径 ………………………………… 027
　　　　　　（二）第一份工作的单位性质 ………………………………… 030

（三）第一份工作所属行业 ·· 031
（四）第一份工作的就业岗位 ·· 031
（五）第一份工作与专业相关度 ··· 031
（六）第一份工作的满意度 ·· 033

二、当前工作 ··· 036
（一）更换工作情况 ·· 036
（二）当前工作的获取途径 ·· 039
（三）当前工作的单位性质 ·· 039
（四）当前工作所属行业 ·· 040
（五）当前工作岗位 ·· 040
（六）当前工作的行政级别 ·· 041
（七）当前工作的技术职称 ·· 042
（八）当前工作的管理层级 ·· 043
（九）当前工作与专业相关度 ··· 044
（十）当前工作的满意度 ·· 044

三、创业情况 ··· 045
（一）校友创业经历 ·· 045
（二）校友创业的行业和领域 ··· 046
（三）校友对创业关键要素的理解 ··· 046

四、职业反思 ··· 047

第三章 定性研究 ··· 049

第一节 同济求学路 ·· 050

一、打开同济之门 ·· 050
（一）地处上海的优势 ··· 050
（二）声誉的吸引力 ·· 052
（三）校名具有特色 ·· 054
（四）仰望同济著名学者 ·· 055
（五）同济精神与人文情怀 ·· 056
（六）影响校友进入同济的中间人 ··· 057
（七）报考同济的其他影响因素 ·· 059

二、在同济的专业学习 ·· 060
（一）良师指引 ··· 060

（二）学习能力的形成 ··· 063

　　（三）扎实的专业训练 ··· 064

　　（四）科研思维训练 ·· 065

　　（五）严谨求实精神的熏陶 ·· 066

三、在同济的课余生活 ·· 067

　　（一）不同年代的课余生活 ·· 067

　　（二）学生组织和社团活动 ·· 068

　　（三）志愿爱心活动 ·· 070

　　（四）校园代表性活动 ··· 070

　　（五）人文情怀熏陶 ·· 072

四、在同济的收获 ··· 073

　　（一）独立生活，适应上海 ·· 073

　　（二）开阔眼界 ··· 074

　　（三）同学情谊 ··· 074

五、校园遗憾 ·· 075

　　（一）没有把握好学习时光 ·· 076

　　（二）没有选择心仪的专业 ·· 076

　　（三）没有继续深造 ·· 077

　　（四）职业和专业不匹配 ··· 077

　　（五）缺乏人文社科知识的学习 ··· 077

　　（六）没有恋爱 ··· 078

第二节　就业创业 ·· 079

一、就业情况 ·· 079

　　（一）职业选择路径：如何找工作 ··· 079

　　（二）进入劳动力市场的开端：第一份工作 ··· 082

　　（三）专业与职业：专业学习对职业收入的影响 ·································· 086

　　（四）性别视角：女性校友职业发展 ·· 089

　　（五）展望未来：职业前景展望与建议 ·· 089

　　（六）地域选择：校友的就业足迹 ··· 092

二、决心创业 ·· 093

　　（一）志在必得：毕业就创业 ·· 094

　　（二）厚积薄发：就业后再创业 ··· 094

　　（三）别有志趣：创业后再就业 ··· 095

| （四）创业原因：内因与外因的共同作用 | 096 |

  （五）守业更比创业难：创业过程中的要素 …………………… 098

  （六）创业风险与建议 …………………………………………… 103

 三、校友足迹 …………………………………………………………… 105

  （一）留在大城市：紧握有利资源 ……………………………… 105

  （二）不留大城市：向往"小"的自由 …………………………… 106

  （三）回到家乡：心之归属 ……………………………………… 107

  （四）国外就业：志在远方 ……………………………………… 108

第三节　同济人的社会贡献与责任 …………………………………………… 108

 一、专业精英 …………………………………………………………… 109

  （一）同济专业人才 ……………………………………………… 110

  （二）同济专业精神 ……………………………………………… 114

  （三）引领专业发展 ……………………………………………… 115

 二、社会栋梁 …………………………………………………………… 118

  （一）服务社会 …………………………………………………… 118

  （二）引领社会 …………………………………………………… 120

  （三）社会影响力 ………………………………………………… 122

 三、人才培养反思 ……………………………………………………… 126

  （一）激发创造力 ………………………………………………… 126

  （二）培养领袖人才 ……………………………………………… 127

  （三）培养综合人才 ……………………………………………… 127

  （四）拥有历史的眼光 …………………………………………… 128

第四节　校友对母校发展的意见与建议 ……………………………………… 129

 一、学校建设——办世界一流大学 ………………………………… 129

  （一）发掘同济大学创新潜力 …………………………………… 129

  （二）提高学生的综合能力 ……………………………………… 131

  （三）建设包容性人才培育平台 ………………………………… 132

  （四）健全学校发展的良性机制 ………………………………… 133

 二、学科发展——文理兼修，全面发展 ……………………………… 136

  （一）发挥传统理工科优势 ……………………………………… 136

  （二）培育人文历史底蕴 ………………………………………… 137

  （三）后发学科发展路径 ………………………………………… 138

 三、资源整合——软硬兼备 …………………………………………… 142

（一）硬件设施 ………………………………………………………………… 143
　　（二）校区建设 ………………………………………………………………… 144
　　（三）校友互助 ………………………………………………………………… 145
　　（四）提高并传播同济声誉 …………………………………………………… 147
　四、个体成才——传承经验 ……………………………………………………… 148
　　（一）珍惜时间并提高效率 …………………………………………………… 149
　　（二）培养情商 ………………………………………………………………… 149
　　（三）参加校园活动 …………………………………………………………… 150
　　（四）多读书 …………………………………………………………………… 151
　　（五）保持良好心态 …………………………………………………………… 152

第四章　总结 ………………………………………………………………………… 153
第一节　求学历程 ……………………………………………………………………… 154
第二节　就业创业 ……………………………………………………………………… 155
第三节　校友的社会贡献与责任 ……………………………………………………… 156
第四节　同济发展建议 ………………………………………………………………… 157

第一章
研究概况

第一节 研究背景

同济大学历史悠久、声誉卓著,是中国最早的国立大学之一,是教育部直属并与上海市共建的全国重点大学。经过百余年的发展,同济大学已经成为一所特色鲜明、在海内外有较大影响力的综合性、研究型、国际化大学,综合实力位居国内高校前列。同济大学始终把培养拔尖创新人才作为崇高责任和使命,确立了"知识、能力、人格"三位一体的人才培养模式,努力使每一位学生经过大学阶段的学习、熏陶后,具有"通识基础、专业素质、创新思维、实践能力、全球视野、社会责任"综合特质,成为引领未来的社会栋梁与专业精英。

而校友正是高校实力和教学成果的直接展现,是展现高校精神文化的窗口,也是高校发展的宝贵资源。自建校以来,同济大学为社会培养了超过30万的优秀校友,为中国现代化建设做出了重要贡献。此次调研,以同济大学110周年校庆为契机,旨在凝聚校友力量,总结学校人才培养成果和校友对母校人才培养模式的反思与建议,从而为进一步提高学校育人质量提供参考思路,为同济大学"双一流"建设贡献力量。

第二节 研究意义与目的

同济大学建校至今,为社会发展输出了一大批杰出的政治家、科学家、教育家、社会活动家、企业家、医学专家和工程技术专家等,为中国的政治、经济、文化发展做出了卓越的贡献。开展校友发展研究、提升校友工作内涵,是新时代一流大学建设的重要内容。同济大学除了传授每一位学生过硬的专业知识之外,还赋予了他们坚毅的品格,每一位校友身上都深深打上了同济大学的烙印。每一位校友所取得的成就,都反映了同济大学百余年来立德树人的成果;每一位校友的精神品质,都是对同济精神无形的阐释和传播;校友的成功,也必将反哺母校的发展,校友强则同济强。

因而,开展校友发展研究对于同济大学和中国高等教育来说,都具有非常重要的意义。

加强母校与校友之间的联结

以同济大学110周年校庆为契机开展此项调研,是希望以一种新的方式唤起校友对母校的生动回忆与真挚情感,进一步加强母校与校友之间的联结,提高校友对母校发展的关注和参与热情,同时也为今后持续性地开展校友发展研究进行初步的探索并打下基础。

唤起校友对母校的回忆与情感

从校友的角度归纳同济大学校园建设、学科设置、人才培养、人文精神等方面的变迁过程。校友在离开校园之后,经过岁月的打磨,依然保有的对同济大学的鲜活记忆和深刻的印象,正是他们对母校认同感和归属感的根源。

检验教学成果

校友是大学培养的人才,是大学教育的切身经验者与结果承担者。校友走向社会后,其职业生涯、专业发展和社会生活的实际情况,在一定程度上是检验同济大学教学成果的试金石;而校友在各行业领域和岗位上所取得的成就和做出的贡献,也是同济大学影响力的无形延伸。

总结人才培养模式

根据校友的成长经历,比较分析不同年代、不同专业校友的成才规律,总结同济大学建校110年以来在人才培养方面的成就、经验与不足以及同济人在中国现代化建设过程中的重要贡献。

探寻大学建设更优路径

在"双一流"大学建设过程中,可以通过校友反馈探寻更优路径。校友们在各行业领域和岗位上所取得的人生经验,使得他们能够对未来社会发展趋势有更精准的把握,对未来人才需求有更精准的预判,他们反馈的问题可能是学校还未及时关注的"新问题"。这些反馈能有效地帮助学校及时对人才培养方案进行调整和改进,更好地做到因时而进、因势而新。

第三节 研究方法与过程

2016年10月起,同济大学校友会联合同济大学社会学系成立项目组,启动校友发展研究项目。项目组经过多次讨论,确定通过定量与定性研究相结合的方式展开研究。

一、问卷调研

定量问卷由项目组自主设计,分为"精简版群像问卷"与"完整版调研问卷"两种,精简版问卷面向所有广义上的校友,完整版问卷仅邀请本科阶段在同济就读过的校友填写。2016年12月15日起,项目组通过问卷星网站发布问卷,并借助多维的校友联络网络(主要是手机端)向校友发放。总样本预设为10 000份,截至2017年3月27日,共回收有效问卷6 444份,含完整版有效问卷3 263份。参与问卷的校友覆盖同济大学工学、理学、医学、管理学、经济学、哲学、文学、法学、教育学、艺术学等10个门类,38个学院和二级办学机构。考虑到不同历史时期的专业调整和撤并,对部分校友的"所在学院"信息按学校目前的学院架构处理。校友样本的基本情况见表1.1。问卷数据通过SPSS统计软件进行分析处理。

表 1.1 同济大学校友发展调查样本基本情况（N＝6 444）

变量	取值	样本数	百分比
性别	男	3 993	62.0%
	女	2 451	38.0%
年龄	18～25 岁	623	9.7%
	26～30 岁	1 517	23.5%
	31～35 岁	1 539	23.9%
	36～40 岁	1 091	16.9%
	41～45 岁	615	9.5%
	46～55 岁	897	13.9%
	56～78 岁	162	2.5%
学历层次	本科毕业	3 421	53.1%
	本科及研究生毕业	1 065	16.5%
	研究生毕业	1 403	21.8%
	其他（在读学生、教职工、函授、专科等）	555	8.6%
入学年代（本科阶段）	1965 年及以前	43	1.0%
	1966—1977 年	31	0.7%
	1978—1997 年	1 509	33.6%
	1998—2007 年	2 113	47.1%
	2008—2016 年	790	17.6%
所在学院（本科阶段）	人文学院	70	1.6%
	经济与管理学院	463	10.3%
	法学院	94	2.1%
	政治与国际关系学院	45	1.0%
	职业技术教育学院	78	1.7%
	外国语学院	101	2.3%
	艺术与传媒学院	117	2.6%
	设计创意学院	31	0.7%
	数学科学学院	83	1.9%
	物理科学与工程学院	38	0.8%
	化学科学与工程学院	82	1.8%
	海洋与地球科学学院	55	1.2%
	测绘与地理信息学院	44	1.0%
	航空航天与力学学院	95	2.1%
	机械与能源工程学院	437	9.7%
	汽车学院	135	3.0%
	材料科学与工程学院	202	4.5%
	电子与信息工程学院	456	10.2%
	建筑与城市规划学院	334	7.4%
	土木工程学院	790	17.6%
	交通运输工程学院	249	5.6%
	环境科学与工程学院	221	4.9%
	生命科学与技术学院	25	0.6%
	软件学院	81	1.8%

(续表)

变量	取值	样本数	百分比
所在学院 （本科阶段）	中德学院	6	0.1%
	中德工程学院	36	0.8%
	铁道与城市轨道交通研究院	31	0.7%
	医学院	76	1.7%
	口腔医学院	6	0.1%
	其他	5	0.1%

二、个案深访

定性研究，包括两个方面：个案深访和小组座谈。深度访谈方面，项目组于2016年10月启动，截至2017年5月共完成307位不同年龄、不同专业、不同地区、不同行业的校友访谈。307位校友的选取依据专业、入学年代和性别3个指标进行配比，使得样本结构合理且具有一定的代表性。为了完成校友深度访谈，项目组通过公开招聘、多轮面试，共招募了73位学生访谈员。所有访谈员都接受了社会学系教师的专门培训，项目组也制定了工作手册，设计了访谈大纲。每次访谈的平均时间为1.5小时左右，访谈记录平均1.2万字。所有访谈资料应用NVIVO11软件进行分析。根据研究思路和访谈提纲共建立了同济精神、同济贡献、同济校园、同济印象、第一份工作、职业发展、创新、创业、领导力、情商等42个节点，在每个节点下先进行人工编码，在人工编码的基础上再进行自动编码，共编码7 400多段。对7 400多段编码依研究主题、按词频分析和编码点来源进行排序，再通过人工判断的方式进行选择编码，形成研究的观点。307位校友的基本信息如下。

表1.2 深访校友基本情况

变量	取值	样本数	百分比
性别	男	229	74.6%
	女	78	25.4%
与同济关系 （学历）	本科	201	65.5%
	本硕	46	15.0%
	硕士	22	7.2%
	本硕博	17	5.5%
	博士	9	2.9%
	本博	8	2.6%
	硕博	3	1.0%
	专科	1	0.3%
本科入学年代 （同济本科）	1965年及以前	18	5.9%
	1966—1977年	3	1.0%
	1978—1997年	102	33.2%
	1998—2007年	132	43.0%
	2008—2013年	52	16.9%

(续表)

变量	取值	样本数	百分比
所在学院	土木工程学院	49	16.0%
	建筑与城市规划学院	31	10.1%
	交通运输工程学院	23	7.5%
	机械与能源工程学院	20	6.5%
	环境科学与工程学院	19	6.2%
	经济与管理学院	17	5.5%
	汽车学院	17	5.5%
	电子与信息工程学院	14	4.6%
	医学院	14	4.6%
	艺术与传媒学院	14	4.6%
	材料科学与工程学院	12	3.9%
	航空航天与力学学院	12	3.9%
	海洋与地球科学学院	8	2.6%
	法学院	6	2.0%
	化学科学与工程学院	6	2.0%
	软件学院	6	2.0%
	人文学院	5	1.6%
	生命科学与技术学院	5	1.6%
	数学科学学院	5	1.6%
	物理科学与工程学院	5	1.6%
	政治与国际关系学院	5	1.6%
	测绘与地理信息学院	4	1.3%
	设计创意学院	3	1.0%
	外国语学院	3	1.0%
	马克思主义学院	2	0.7%
	高等技术学院	1	0.3%
	中德工程学院	1	0.3%
当前工作地区	上海	164	53.4%
	广东	19	6.2%
	北京	13	4.2%
	辽宁	11	3.6%
	云南	11	3.6%
	四川	10	3.3%
	福建	9	2.9%
	江苏	9	2.9%
	广西	4	1.3%
	江西	4	1.3%
	山西	4	1.3%
	新疆	4	1.3%
	浙江	5	1.6%
	湖南	3	1.0%
	内蒙古	3	1.0%
	河北	2	0.7%
	黑龙江	2	0.7%
	吉林	2	0.7%
	山东	2	0.7%

(续表)

变量	取值	样本数	百分比
当前工作地区	陕西	2	0.7%
	天津	2	0.7%
	安徽	1	0.3%
	海外	21	6.8%

三、小组座谈

项目组于2016年11月至2017年3月共开展小组座谈15场，主要涉及不同年龄段、不同地区以及同济校友比较集中的企业中的校友代表，总计91人，平均每场参与人数为6人，平均时长约2小时。基本情况详见表1.3。

表1.3 小组座谈基本情况

场次	时间	地点	座谈人数	受访人身份	访谈员
1	2016.11.26	青岛	6	东部片区校友会负责人	朱伟珏 王甫勤
2	2016.11.26	青岛	7	东部片区青年校友代表	张 俊 邓世碧
3	2016.12.3	珠海	6	南部片区校友会负责人	朱伟珏 栗晓红
4	2016.12.3	珠海	5	南部片区青年校友代表	张 俊
5	2016.12.18	大连	4	北部片区校友会负责人	朱伟珏 王甫勤
6	2016.12.18	大连	5	北部片区青年校友代表	张 俊 章 超
7	2017.1.5	上海	7	上海地区青年校友代表	陈 晋 栗晓红
8	2017.1.18	昆明	7	西部地区校友会负责人	朱伟珏 邓世碧
9	2017.1.18	昆明	7	西部地区青年校友代表	张 俊 范 文
10	2017.1.20	上海	6	同济建筑设计研究院校友	陈 晋 王甫勤
11	2017.1.24	上海	9	预科老校友	朱伟珏 张 俊
12	2017.1.24	上海	8	上汽大众公司校友	朱伟珏 张 俊
13	2017.1.26	上海	3	"同二代"	朱伟珏 张 俊
14	2017.3.16	上海	4	老校友	张 俊 王甫勤
15	2017.3.29	上海	7	全筑建筑装饰集团校友	张 俊 邓世碧

第四节 研究内容

本研究以同济大学校友在同济求学期间以及毕业后的生活和职业发展状况和对母校教育的评价与反思为主要内容，具体包括如下方面。

求学历程与同济记忆

指校友在同济大学的学习情况与课余生活经历,包括:(1)报考同济大学的原因、生源地、录取的专业等;(2)学习情况与深造经历;(3)对于校园生活的深刻记忆与满意度等;(4)不同时期校友对同济文化与精神内涵的体悟。

职业发展、创业经历与社会贡献

指校友在毕业之后,进入社会参加工作和创业的过程,包括:(1)获得第一份工作与当前工作的途径;(2)第一份工作与当前工作和专业学习的相关性;(3)第一份工作与当前工作的基本情况,包含单位性质、所属行业、岗位与职级等;(4)第一份工作与当前工作的职业满意度;(5)更换工作(跳槽)的次数与原因;(6)创业经历及对创业成功条件的理解;(7)参与国家重大工程、重点项目和社会公益等的情况。

对人才培养与学校定位的评价与建议

指校友对同济大学未来发展提供的意见和建议,包括:(1)对母校人才培养模式的评价与建议;(2)对母校学科发展与学科设置的建议;(3)对校友服务的期望;(4)对母校社会影响力的感受与期待;(5)对母校未来发展方向的建议。

第二章
定量研究

第一节　入学与本科生活

一、本科校友的入学差异

本节主要通过分析 3 263 位有同济大学本科就读经历的校友的数据,了解他们在入学时的基本状况。

(一) 入学生源地的区域差异

1. 省份差异

作为全国综合性大学,同济大学招生覆盖世界各地。参与本次调研校友的生源地覆盖了全国 31 个省、直辖市、自治区。调研数据显示,由于地缘优势,同济大学在上海和东部省份[①]的招生人数占有绝对优势,见图 2.1。总体来看,上海地区入学的校友平均比例为三分之一左右,东部省份占 30% 左右,中西部地区比例相对偏低,在 15%～20%。1977 年恢复高考以后,同济的招生人数快速增加,同时上海本地和东部地区省份的学生相对比例呈逐步下降趋势。1977—1995 年近 20 年间,上海本地和东部地区的学生累计比例为 61.5%,中西部地区分别为 24.9% 和 13.3%。1996—2007 年间,同济大学在上海本地和东部地区的招生比例达到新的高峰,二者累计比例超过三分之二,中部地区比例明显下降,为 18.8%,西部地区基本稳定,为 14.2%。2007 年(同济大学建校 100 周年)以来,各地区之间招生相对平衡,上海本地和东部地区的招生规模有所下降,二者累计为 56.2%,西部地区明显增加,达到 23.4%,见图 2.2。

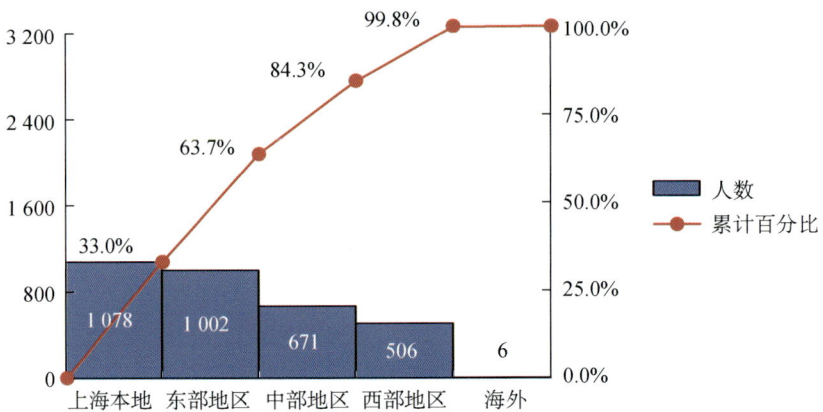

图 2.1　校友生源地分布情况

---

① 根据国家行政区划,将调研的全国 31 个省市自治区划分为东、中、西三个区域,由于同济大学位于上海,又将上海单列,所以东部地区包括:北京、福建、广东、海南、河北、江苏、辽宁、浙江和山东等 10 个省市,中部地区包括:安徽、河南、黑龙江、湖南、湖北、吉林、江西和山西等 8 个省份,西部地区包括:重庆、四川、贵州、云南、广西、宁夏、甘肃、新疆、西藏、陕西、青海和内蒙古等 12 个省市自治区。

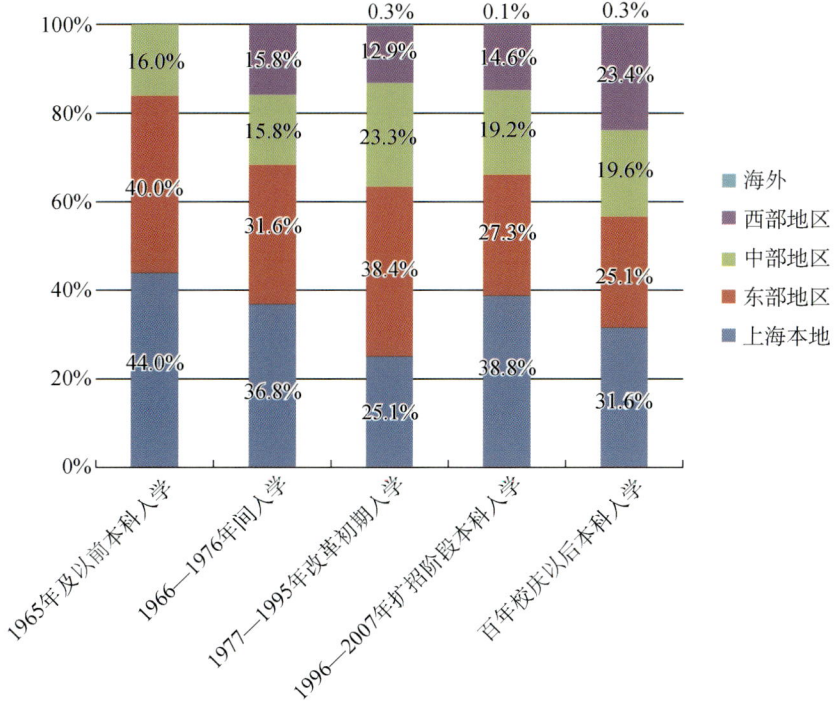

图 2.2 不同年代校友生源地分布情况

2. 城乡差异

从招生情况来看,农村生源的比例相对比较稳定,百年校庆以来,比例还有一定提升。高考恢复初期,农村生源比例较高,达到 21.3%,与直辖市(25.1%)较为接近,高于城镇、县城、地级市与省会城市。1996—2007 年间,农村生源比例有所下降,直辖市生源比例显著上升。百年校庆以来,直辖市生源规模有所下降(33.3%),其他地区生源(包括农村地区)则有所缓升,见图 2.3 与图 2.4。

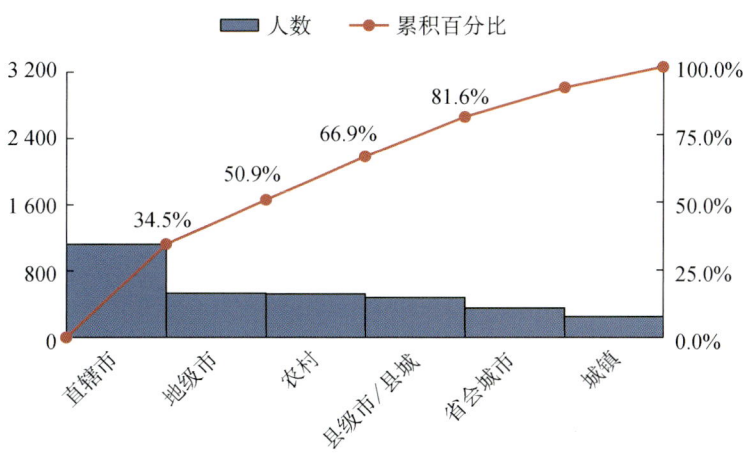

图 2.3 校友生源地城市性质

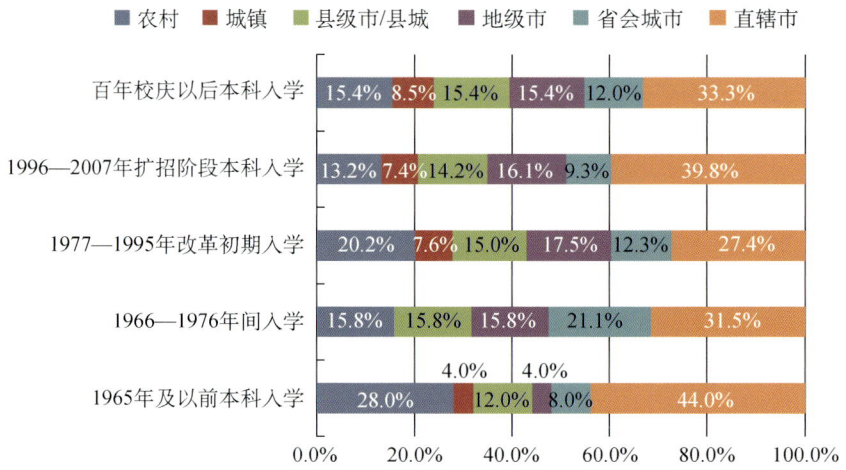

图 2.4　不同年代校友生源地城市性质

（二）入学生源的性别差异

20世纪50年代初，全国高等学校的院系设置进行了大规模调整，同济大学调整为单科性大学，成为国内土木建筑领域规模最大、学科最全的工科大学。1978年起，同济大学开始了恢复综合性大学的努力。截至目前，学校已经形成了涵盖"理科、工科、医科"和"哲学、文学、艺术学、法学、经济学、教育学、管理学"10大学科门类的学科格局，但总体上，同济大学在理工专业的招生规模和综合实力远超过文科。由于男性在理工科专业中的占比较大，同济在不同年代的招生中，逐渐形成了男多女少的性别结构。而百年校庆以来，文科专业逐步发展，招生规模逐渐扩大，女生比例显著提高（图2.5）。

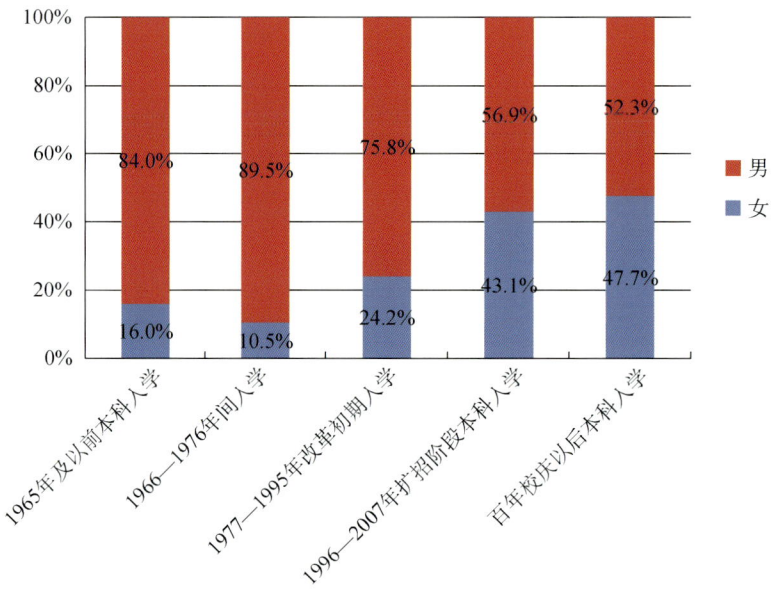

图 2.5　不同年代校友性别比

二、专业学习与深造

(一) 校友专业与学习成绩

1. 平均学习成绩

同济大学学风优良，学生学习都较为刻苦，所以绝大部分学生的学习成绩都非常优秀，总体情况见图 2.6。本次调研中，在校时成绩处于中等偏上的比例接近 60%，成绩中等的比例约为 30%，成绩中等偏下的比例为 10% 左右。平均学习成绩在不同年代没有明显变化，见图 2.7。

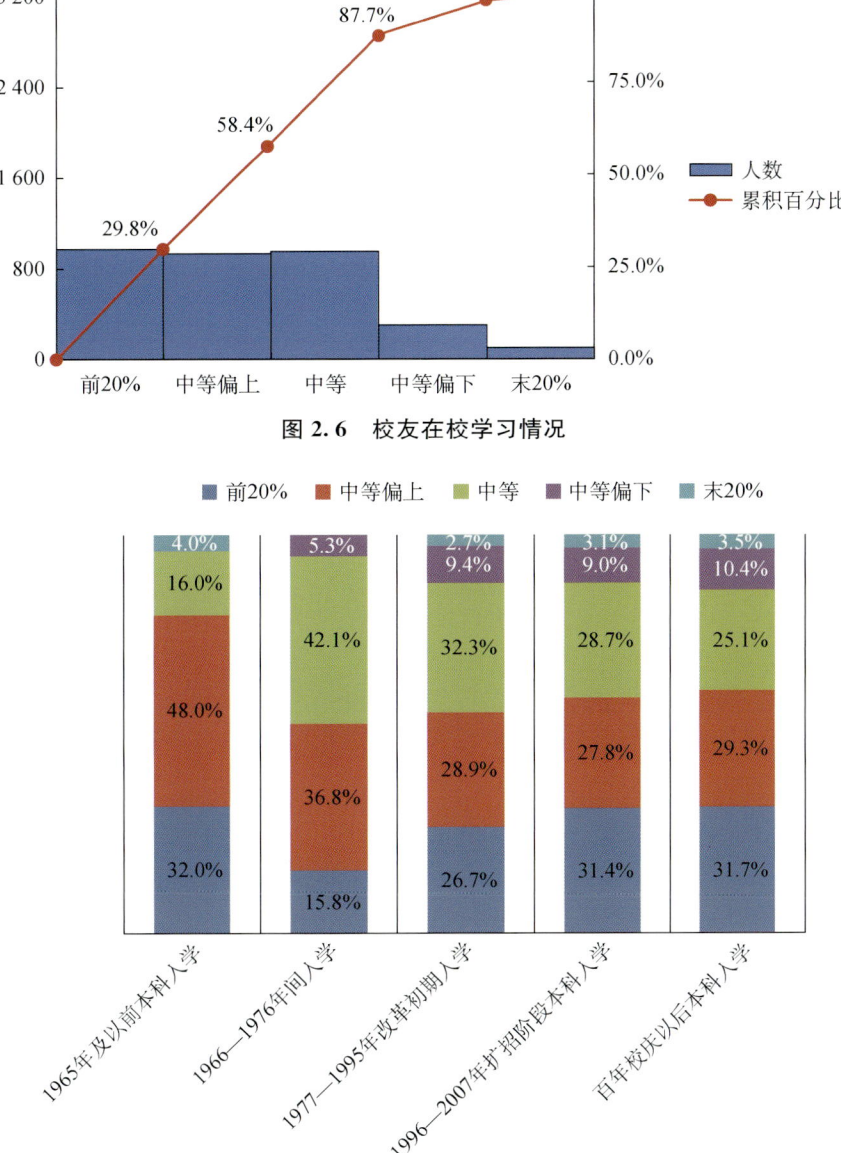

图 2.6　校友在校学习情况

图 2.7　校友在校学习情况与入学年份

2. 省份与学习成绩

调查表明,不同地区学生的学习成绩差异不大(图2.8)。对于上海本地学生而言,学习成绩在前20%或中等偏上的比例为57%,东部地区和中部地区校友的在校成绩较高,前20%或中等偏上的累计比例分别达到60.5%和60.1%,西部地区校友的在校成绩略低,但前20%或中等偏上的累计比例也达到了55.4%。

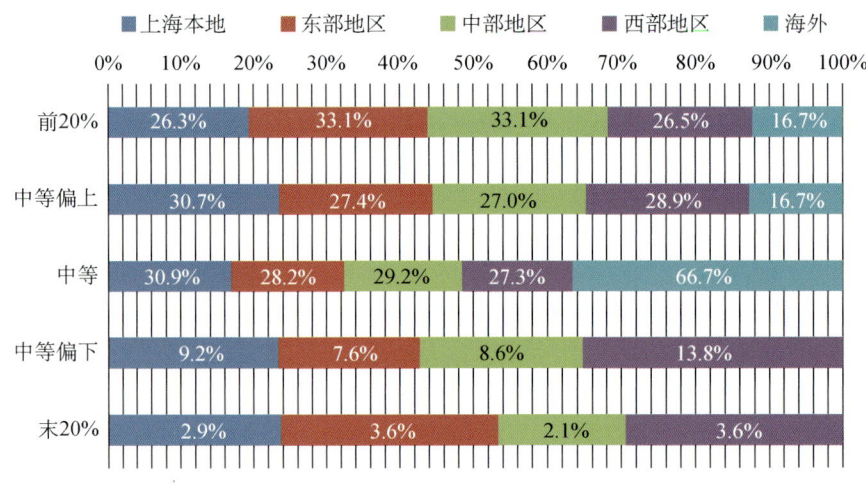

图2.8 校友在校学习情况与生源地

3. 城乡与学习成绩

来自不同城市级别校友的在校成绩也没有明显差异(图2.9)。来自农村的校友平均在校成绩为前20%或中等偏上的累计比例为58.5%,城镇或县城的校友平均在校成绩为前20%或中等偏上的累计比例分别为60.0%和62.0%,地级市和省会城市的校友平均在校成

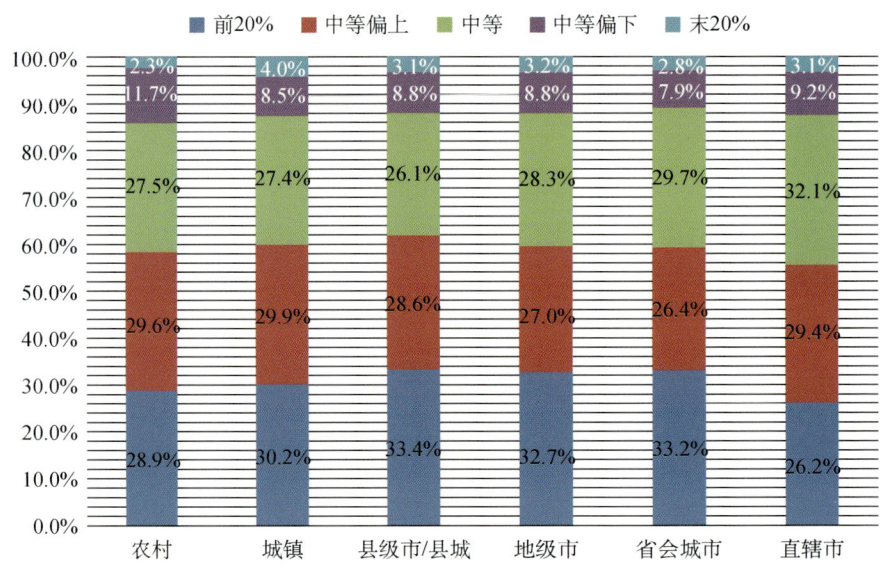

图2.9 校友在校学习情况与城乡性质

绩为前20%或中等偏上的累计比例分别为59.8%和59.4%,直辖市(主要是上海)校友平均在校成绩为前20%或中等偏上的累计比例为55.6%。

综合而言,校友的平均在校成绩在不同年代、省份、城乡之间变化不大,反映了同济大学校友在专业学习方面始终保持着刻苦认真的学习态度和良好的学习风气。

(二) 求学深造

同济大学校友在完成本科专业学习之后,有近50%的校友会选择继续学习深造。从比例上看,选择在本校继续读研究生的比例接近20%,在国内其他高校或出境(含港澳台)继续深造的比例分别为13.0%和14.6%。在国内高校分布上,校友继续深造的选择主要以上海地区高校为主,如复旦大学、上海交通大学、上海财经大学等,其次是清华大学、北京大学、东南大学等。在海外地区分布方面,以发达国家为主,尤其是德国、法国、英国、美国、日本等,见图2.10。

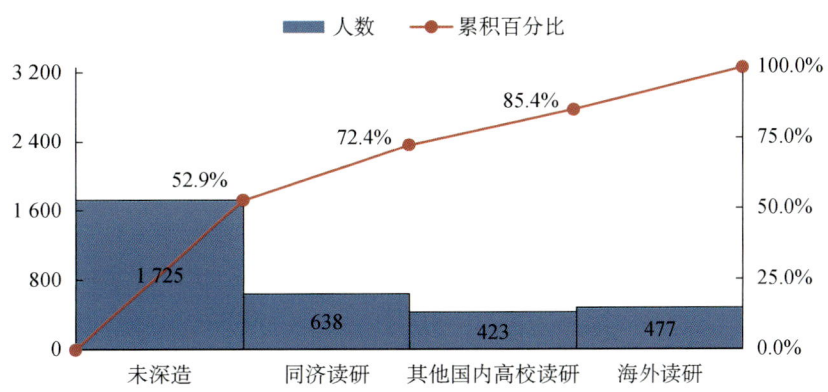

图2.10 校友本科以外深造情况

1. 求学深造的年代差异

随着时代的变迁,校友赴海外深造的比例显著提高,见图2.11。1977年恢复高考以来,

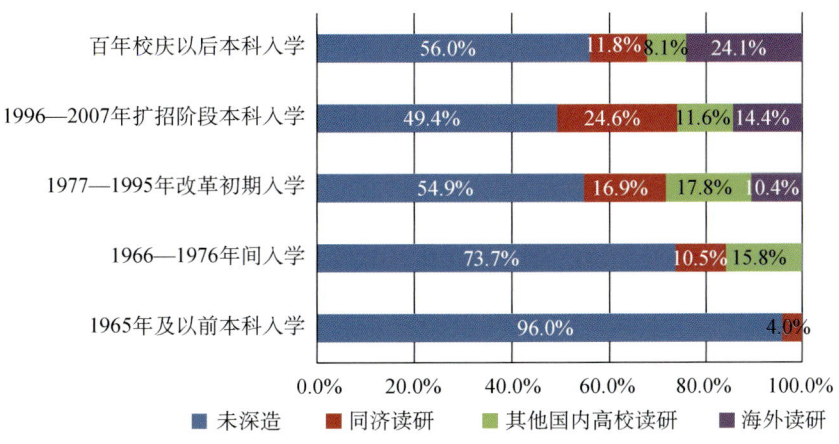

图2.11 校友本科以外深造情况与入学年份

读研的比例明显增加,本校读研或外校读研的比例较为接近,分别达到16.9%和17.8%,海外读研也占有一定比例,为10.4%。1996年自主择业政策实施以来,校友本科毕业以后,选择继续深造的比例进一步增加,超过了50%,留在同济大学读研或海外读研的比例有所扩大,分别达到了24.6%和14.4%,外校读研的比例有所降低,只有11.6%。百年校庆以来,选择继续深造的比例有所回落,同时留在同济读研的比例下降,只有11.8%,在国内其他高校读研的比例继续下降,仅为8.1%,而海外留学热潮趋势十分明显,达到24.1%,超过了留在国内深造的比例。

2. 求学深造的性别差异

性别方面,女性(49.2%)选择继续深造的比例略低于男性(55.1%)。在留校读研方面,男女没有明显区别,比例分别为19.5%和19.6%。男性(14.1%)在国内其他高校继续深造的比例略高于女性(11.0%),但是,女性(20.2%)出国深造比例超过男性(11.3%),见图2.12。

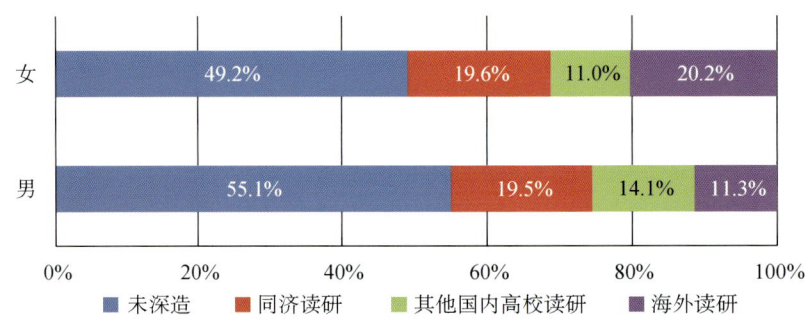

图 2.12 校友本科以外深造情况与性别

3. 求学深造的省份差异

从生源地来看,各地经济发展程度与求学深造之间存在明显的不同,见图2.13。首先,

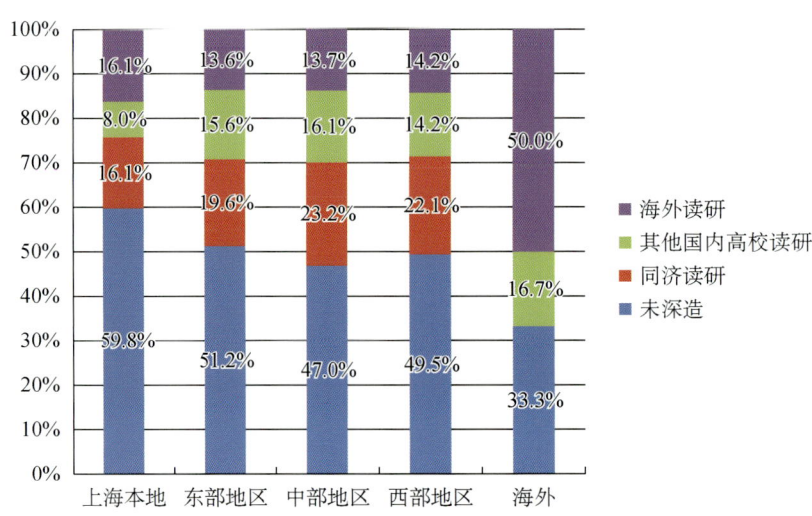

图 2.13 校友本科以外深造情况与生源地

经济发展程度较低的地区,如中西部省份,校友毕业后,选择进一步深造的比例较高,均超过了50%,在就读地区的选择上,往往以本校和国内其他高校为主,出国读书的比例相对较低。其次,在经济发展程度较高的地区,如上海本地和东部省份,校友毕业后直接进入社会工作的比例较高,如上海本地校友本科毕业后未深造的比例高达59.8%;同时,在上海本地校友中,去海外读书的比例最高,达到16.1%,超过留校深造和国内其他高校读研的比例。

4. 求学深造的城乡差异

在校友求学深造与城乡差异方面,来自农村的校友选择继续深造的比例以及海外深造的比例均较低,见图2.14。从原因上来看,主要是因为经济条件的限制以及承担更多的家庭责任,需要尽早进入工作。随着生源地城市级别的增加,校友们选择继续深造和海外深造的比例也逐渐增加,如来自省会城市的校友,选择进一步深造的比例达到55.2%,去海外深造的比例达到了21.5%。

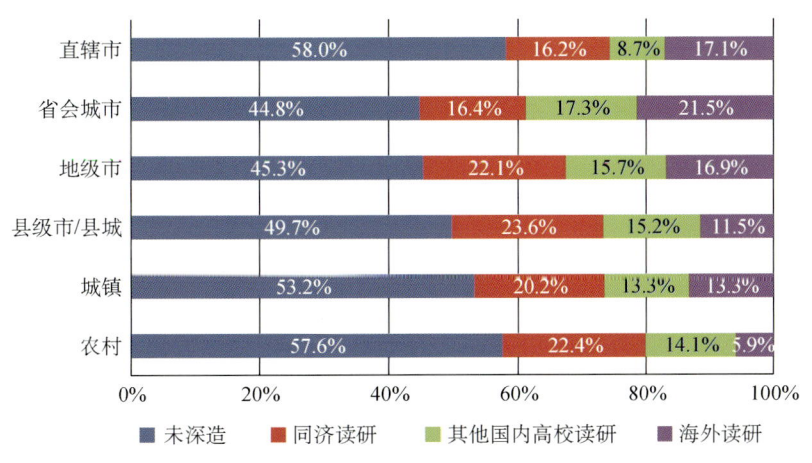

图2.14 校友本科以外深造情况与城乡性质

综合来看,校友本科毕业以后,是否选择继续深造主要受到以下因素影响。首先是时代的影响。改革开放以来,多元文化思潮迅速涌入中国,上海作为国际化大都市,学生更愿意接受和尝试新的文化,更愿意走出去看看,因而出国深造的比例迅速增加。同时,由于高考扩招的影响,本科生规模迅速扩大,就业的难度也有所增加,产生了一波"读研热潮"。其次是经济水平的影响。宏观上地区经济发展的差异以及微观上家庭经济条件的差异,都构成了是否继续深造的不同选择。再次是劳动力市场结构的因素。在劳动力市场中,女性在同等水平下,相较于男性仍有一定劣势,也可能使女性选择进一步深造的比例升高。当然,个人是否选择进一步深造或海外深造,还受到很多其他因素的影响,诸如个人对学业的追求、能力的高低(学业成绩和考试能力)、家庭经济水平、同龄群体(如同班同学)的影响等。

三、本科生活记忆

大学生活是人生中非常重要的成长阶段,大部分学生第一次长时间离开自己熟悉的家庭和故土,进入陌生的城市,开始集体生活,认识全新的老师,学习全新的知识,结交新的朋友,当然也会面对和解决新的问题。对于本科生涯来说,每个人或许都记得一些标志性的事件或符号,这些都变成了多年后共叙同窗情谊时的热门话题。

(一) 本科学号记忆

学号是伴随学习生涯的重要符号,是校园生活的通行证,与选课、就餐、打水、沐浴等很多事项挂钩,因而构成了校友记忆的重要内容。如图 2.15 所示,超过 80% 的校友仍然清晰记得自己的本科学号,5% 左右的校友对学号印象不深,其余 10% 左右的校友表示已经淡忘

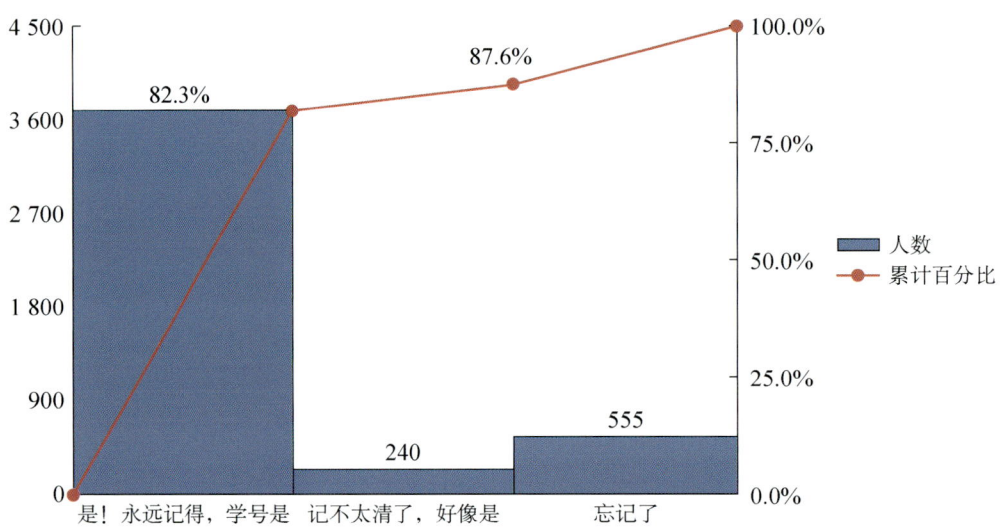

图 2.15　校友是否记得本科学号

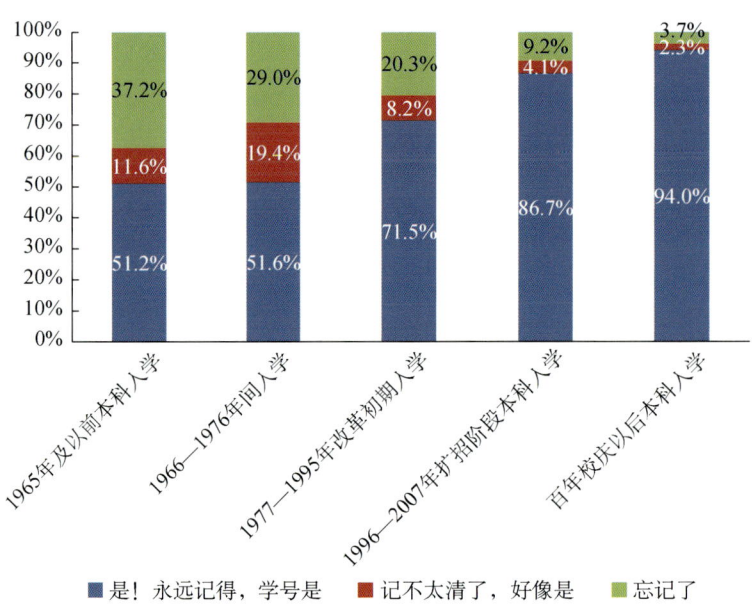

图 2.16　校友是否记得本科学号与入学年份

了。老校友中,仍然有超过50%的校友表示清晰记得自己的学号。对于1977年以后入学的校友来说,记得本科学号的比例超过70%,1996年以后和2008年以来入学的校友清晰记得自己学号的比例则分别超过了85%和94%。

(二) 教师与课程记忆

1. 印象深刻的教师

在参与调查的校友中,76.6%的校友提及印象深刻的老师,这些老师对他们的整个人生规划都产生了深刻的影响。尤其是一些公共课、大专业课的老师被提及概率比较高,如张国清(76)、朱慈勉(73)、杨东援(45)、范立础(45)、吴泗宗(30)、杨晓光(27)、雷星晖(24)、殷正声(23)、施建刚(22)、顾祥林(21)、张建同(21)等老师(图2.17)。

图2.17 印象深刻的教师

2. 印象深刻的课程

专业知识学习是大学生活最主要的内容。61.6%的校友提及了印象最深刻的课程,这些课程的前十位分别为高等数学(360)、结构力学(259)、德语(103)、流体力学(61)、材料力学(55)、建筑设计(50)、理论力学(49)、画法几何(47)、机械制图(46)、线性代数(42)等(图2.18)。

(三) 校园生活印象与满意度

1. 印象最深刻的学生组织

学生组织是学校校园文化建设的重要方面。加入学生组织或参与社团活动,既能拓展自己的视野,还能扩大自己的社交圈,提升沟通能力和团队协作能力等。从此次调研数据来

图 2.18　印象深刻的课程

看,超过三分之一的校友对一些参加过的学生组织有深刻印象,这些组织代表了同济大学校园文化的特色。校友提及最多的学生组织包括:学生会(495)、研究生会(98)、团学联(72)、社团联合会(60)、东篱话剧社(36)、读书会(31)、合唱团(25)等(图 2.19)。

图 2.19　印象最深刻的学生组织

2. 印象最深刻的文艺活动

文艺活动是学生们在繁忙学习之余排解压力、展现特长最主要的途径之一,同时也是校园文化的重要标志。此次调研数据显示,超过三分之一的校友对学校和社团组织的各种文艺活动有非常深刻的印象,主要包括:校园十大歌手(768)、百年校庆(114)、毕业晚会(106)、迎新晚会(84)、枫林节(39)、大礼堂看电影(28)、嘉定之星(19)、周末舞会(19)等(图 2.20)。

图 2.20　印象最深刻的文艺活动

3. 印象最深刻的体育活动

参加体育活动是学生强身健体、锻炼体魄的重要手段。在此次调研数据中,有 30% 左右的校友对同济大学开展的各项体育活动(赛事)具有非常深刻的印象,如各类足球比赛(校内足球赛、新生杯、校际联赛)、篮球赛、羽毛球赛、晨跑、校运会、网球、乒乓球、游泳等(图 2.21)。

图 2.21　印象最深刻的体育活动

4. 校园生活满意度

通过校友对学校软硬件资源的评价(图 2.22)发现,同济大学虽然在校园文化(8.25分)、图书资料(8.22 分)、师资力量(8.03 分)、硬件设施(7.97 分)、学生会/社团活动(7.84 分)等方面得到了广大校友的好评,但是在业界互动交流(7.01 分)、招聘会/出国资讯(6.94 分)、学生职业规划/就业指导(6.70 分)等方面还有一定的改进空间。当然,由于校友入学年代的差异,上述各项指标并不能完全反映当下同济大学在校园服务上的水平,但通过比较不同年代校友的评价,我们可以分析学校在上述方面的变化趋势。

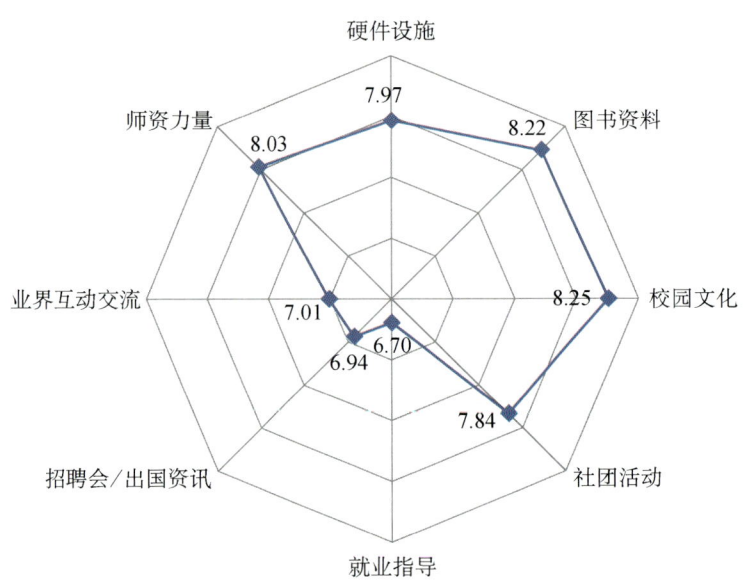

图 2.22　校友对校园生活的满意度

(1) 不同入学年代校友对校园文化的满意度

从不同年代入学的校友对校园文化的评价来看(图 2.23),同济大学校园文化越来越丰

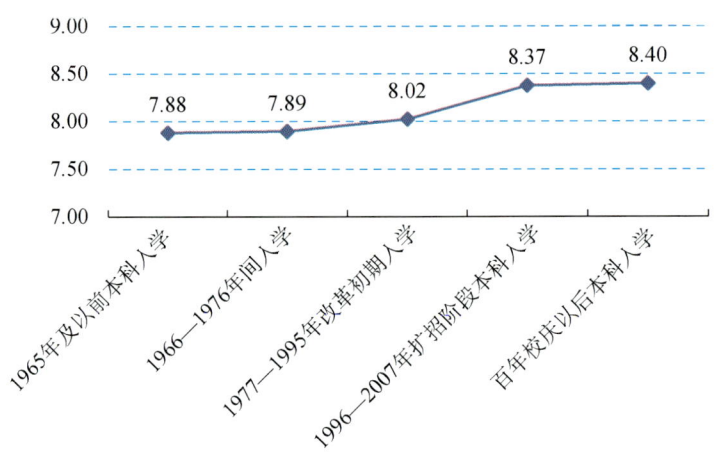

图 2.23　校友对校园文化的满意度

富。恢复高考以来,校友们对校园文化的评分超过了 8 分,最近十年入学的校友对校园文化的评分达到了 8.40 分。

(2) 不同入学年代校友对图书资料的满意度

在图书资源方面(图 2.24),1977—1995 年期间入学的校友对学校图书资源的满意度略低(7.81 分)。1996 年以来,随着大学经费的不断充裕,图书馆的藏书量也呈几何级增长,基本上满足了绝大部分校友的借阅需求。同时,随着电子信息(电子书、多媒体资源等)的不断发展,学生对纸质图书的依赖程度也所有下降。

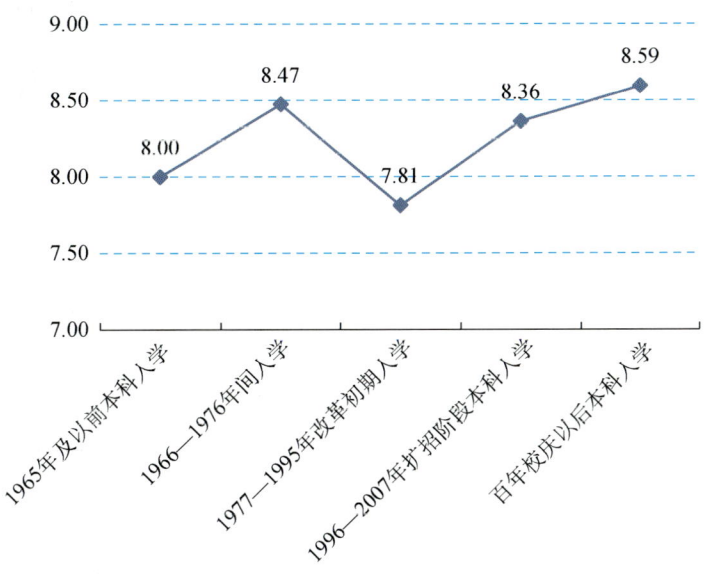

图 2.24 校友对图书资料的满意度

(3) 不同入学年代校友对师资力量的满意度

尽管校友总体上对学校师资力量评价较高,但从趋势上来看,校友对学校师资力量的评价有逐渐下降的趋势。1966—1976 年期间入学的校友对同济师资的评价最高,达到 8.32 分,1977—1995 年期间入学的校友对同济师资的评价为 8.16 分,1996—2007 年期间入学的校友对同济师资力量的评价降至 8 分以下。最近十年入学的校友对同济师资的评分只有 7.91 分。从校友角度来看,学校在加强师资力量、人才引进和防止人才流失方面应加强努力(图 2.25)。

(4) 不同入学年代校友对硬件设施的满意度

校友对学校硬件设施的满意度总体上呈上升趋势(图 2.26)。改革开放初期入学的校友对学校硬件设施的满意度最低,只有 7.77 分。1996 年以来,特别是百年校庆以来,随着新办公大楼建设、实验室改造、教学楼改造、学生宿舍改造,学校硬件条件明显改善,校友对学校硬件设施的评价不断提高,但是对校园网络的不稳定诟病较多。

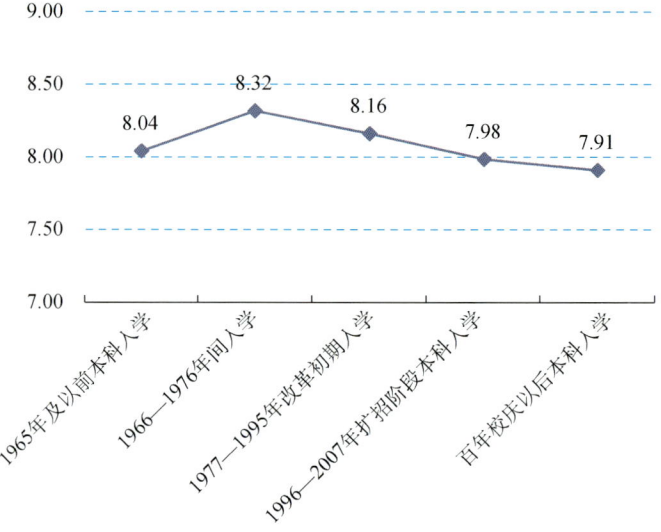

图 2.25　校友对师资力量的满意度

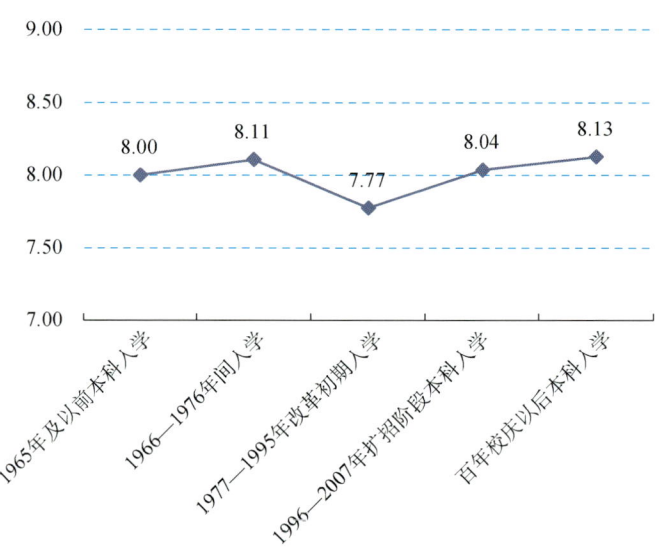

图 2.26　校友对硬件设施的满意度

（5）不同入学年代校友对学生会/社团活动的满意度

校友对学生会/社团活动的满意度总体上也越来越高,见图 2.27。改革开放初期入学的校友对学生会/社团活动的满意度偏低,只有 7.53 分。1996 年以来,特别是最近十年来,校友的评价明显提高,反映了学生会/社团活动从数量到质量都显著提升。

（6）不同入学年代校友对与业界互动交流的满意度

如图 2.28 所示,校友对学校与业界互动交流的总体评分较低,只有 7.01 分,但从发展趋势上看,自高考恢复以来,校友的评价是越来越高的。随着经济全球化进程,尤其是中国加入 WTO 以后,市场化得到快速发展,学校与企业之间的合作交流越来越频繁,校友的评分也越来越高。

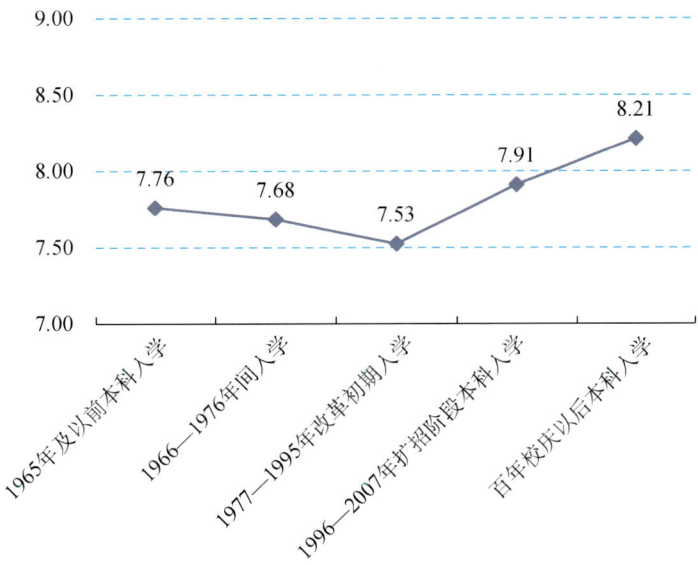

图 2.27 校友对学生会/社团活动的满意度

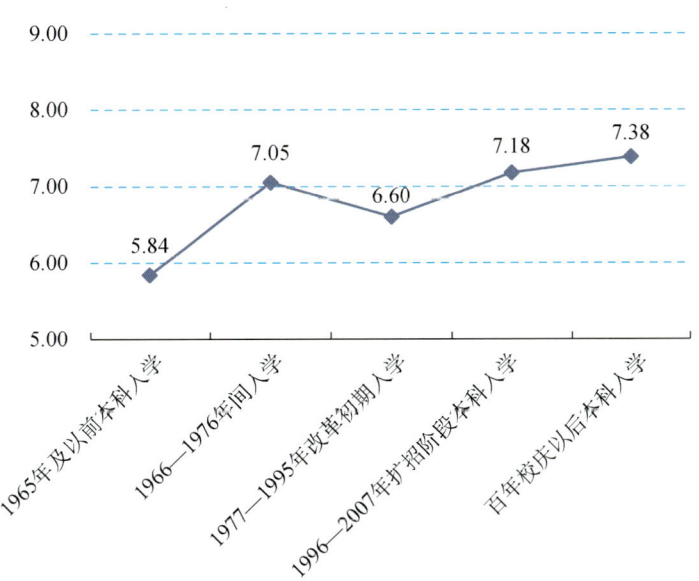

图 2.28 校友对业界互动交流的满意度

（7）不同入学年代校友对招聘会、出国资讯的满意度

对招聘会/出国资讯的评价总体评分偏低，但从趋势上来说呈上升趋势（图 2.29）。1996 年以来，毕业生对招聘会的依赖程度越来越高，但从校友获取第一份工作的途径来看，这一时期，通过校园招聘会方式获得工作的校友比例不足 30%，对学校招聘会的满意度也比较低。2007 年以来，学生通过校园招聘会获取就业信息的比例有所增加。总体上，校友对校园招聘会的评价偏低，仍有较大改善空间。

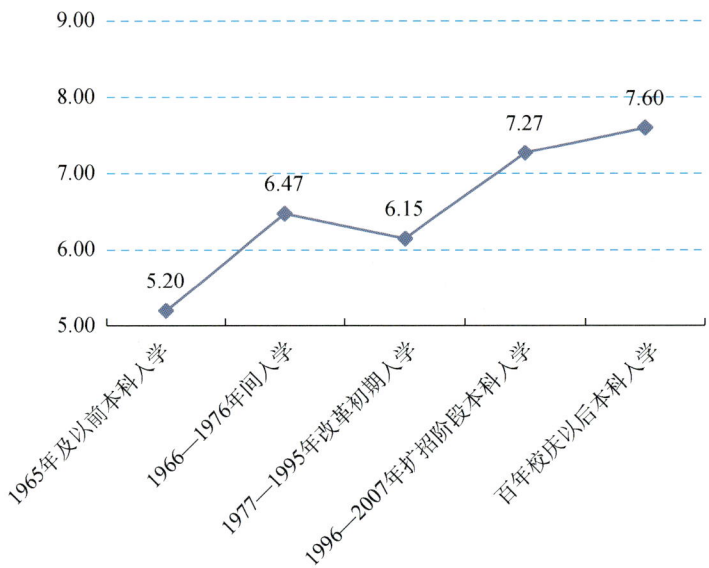

图 2.29 校友对招聘会、出国资讯的满意度

(8) 不同入学年代校友对职业规划与就业指导的满意度

如图 2.30 所示,校友对职业规划与就业指导的满意度在不同时期都处于较低水平,各阶段都低于 7 分,尽管总评分在 1977 年以后略有提高。这也表明,学校在对学生的职业规划和就业指导方面,仍需要进行调整和完善。

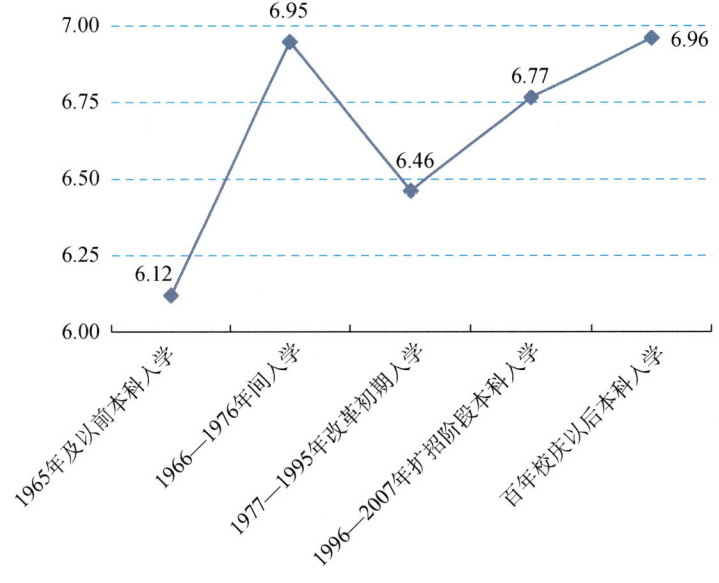

图 2.30 校友对职业规划与就业指导的满意度

第二节 展翅翱翔(就业与创业)

一、初入社会

在学业完成后,校友们终将踏入社会,进入劳动力市场,迈向新的人生轨道,创造社会财富。1996年1月,国家人事部发布《国家不包分配大专以上毕业生择业暂行办法》,取消大学生毕业就业分配制度,劳动力市场开始逐渐建立和完善起来,学生们也因此有了自由选择的权利。

(一) 第一份工作的获取途径

从校友们获取第一份工作的途径来看(图2.31),通过招聘会形式获得第一份工作的比例最高,达到54.7%,其中校园招聘为24.1%、社会招聘为30.6%;通过国家分配形式获得第一份工作的占11.7%;另外,也有较大一部分比例的校友通过亲友推荐或老师推荐的方式获得第一份工作,二者累计比例达到22.1%;校友帮助和自主创业的比例相对较低。

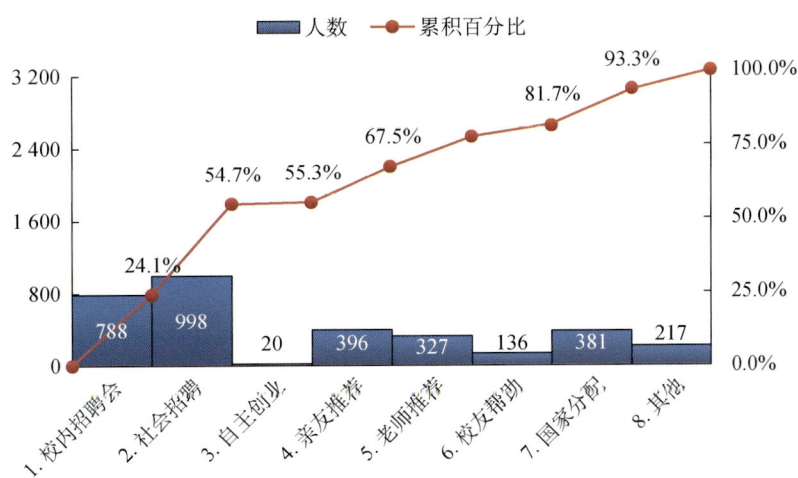

图 2.31 校友第一份工作的获取途径

获得第一份工作的途径,具有非常明显的时代特色和区域特色。

1. 入学年代与第一份工作获取途径

如图2.32所示,1996年以前入学的校友,基本上通过国家分配的形式获得第一份工作。1996年以后,找工作的途径逐步多样化,随着人才市场的逐渐成熟,校友们通过人才招聘会的方式获取第一份工作的比例逐渐增加,即根据自己的专业、兴趣和能力择业。1996年以前入学的校友,通过招聘会形式找工作的比例仅占三分之一左右,而1996年以后,则超过了65%。随着人才市场的成熟,校友通过亲友、老师推荐获得工作的比例开始下降,1996年以前,通过亲友、老师推荐获得第一份工作的比例为27.0%,目前下降到15.8%。另外,随着国家政策对大学生创业扶持力度的增加,校友们自主创业的比例也在逐渐增加,现已经超过了1%。同时,校友在学生就业过程中,发挥的作用也越来越明显,1996年以前(1977—1995年)入学的校友,在找第一份工作时,获得校友帮助的比例为3.4%,目前,获得校友帮助的比例则增加到4.7%左右。

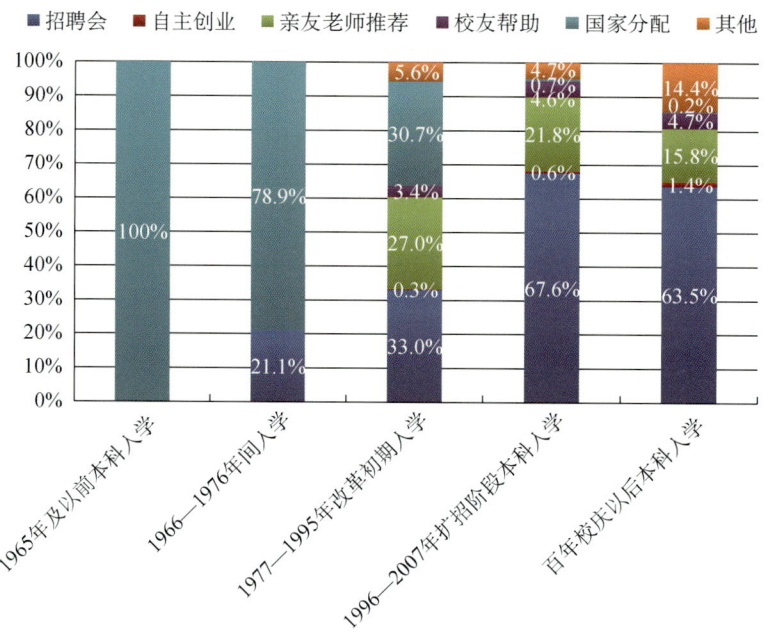

图2.32　校友第一份工作获取途径与入学年代

2. 生源省份与第一份工作获取途径

图2.33显示,根据校友生源地省份来看,上海本地校友更多通过招聘会形式获得第一份工作(61.9%),而东部、中部地区省份的校友通过亲友、老师推荐工作的比例较高,分别达

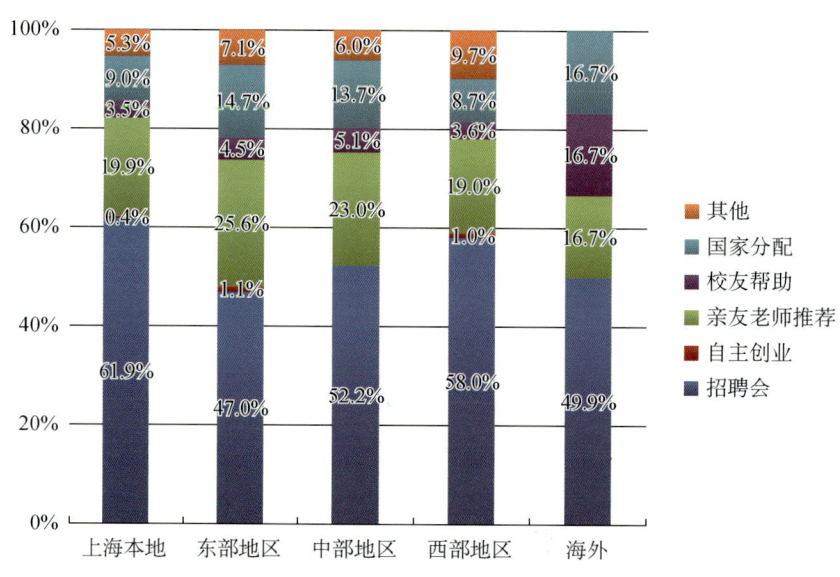

图2.33　校友第一份工作获取途径与生源省份

到25.6%和23.0%,西部地区校友第一份工作的各种获取途径比例介于上海和东部地区校友之间。

3. 生源城市级别与第一份工作获取途径

如图2.34所示,城乡生源之间在工作获取途径方面有明显差异。具体表现在两个方面:第一,在招聘会方面,农村生源通过招聘会获得第一份工作的比例较高,达到59.2%,远高于城镇、县城、地级市和省会城市,接近于直辖市(60.3%);第二,在亲友、老师推荐方面,农村生源校友的比例较低,仅为14.3%,远低于城镇及更高级别城市的水平。

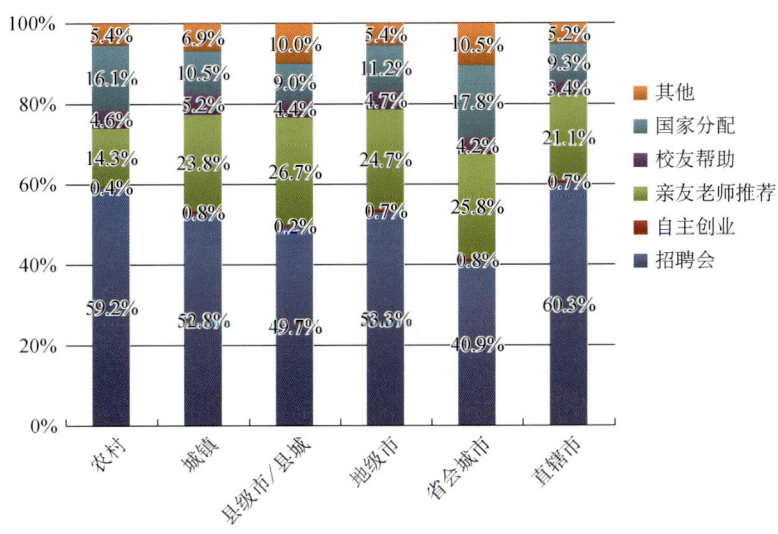

图2.34 校友第一份工作获取途径与生源城市级别

4. 性别与第一份工作获取途径

男性和女性校友在第一份工作获取途径方面也有明显差异,见图2.35。女性在招聘会、亲友推荐方面的比例高于男性。男性在自主创业、校友帮助等方面的比例略高于女性。

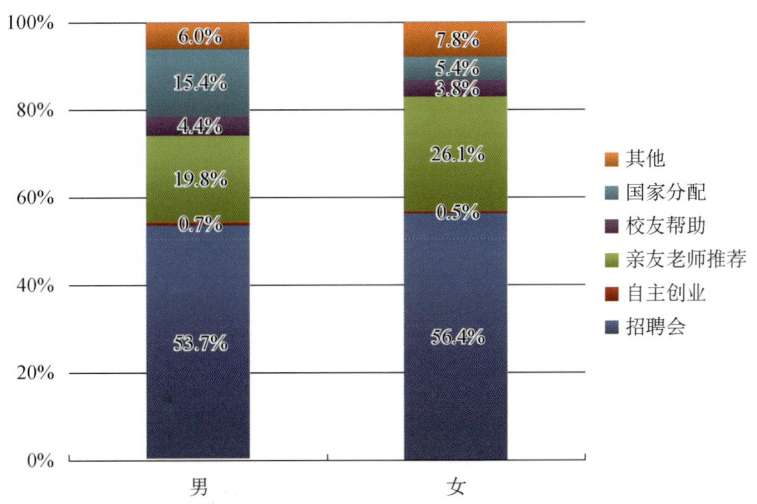

图2.35 校友第一份工作获取途径与性别

（二）第一份工作的单位性质

如图 2.36 所示，从单位性质来看，同济校友第一份工作单位属于党政机关和事业单位的比例占四分之一左右，国有企业超过三分之一，二者累计超过 60%；外资、民营企业二者累计占比三分之一左右。

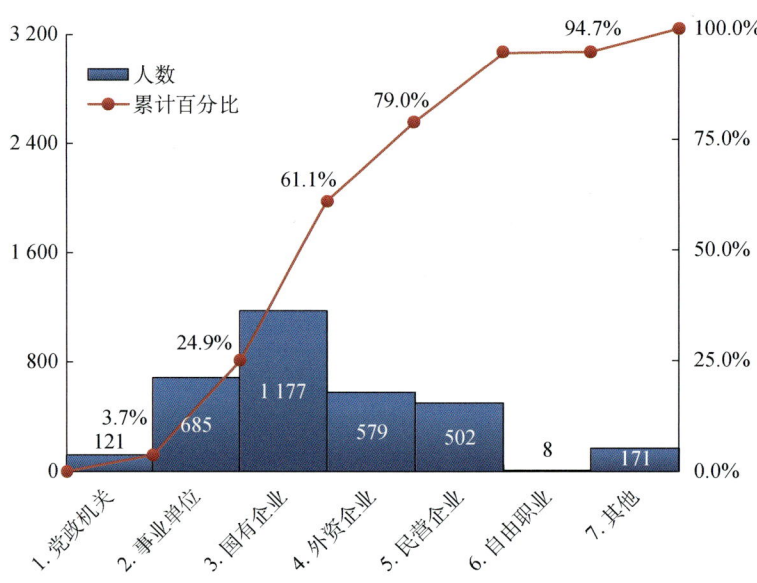

图 2.36 校友第一份工作的单位性质

如图 2.37 所示，从不同年代来看，国家取消就业包分配制度以前，校友们通过国家分配主要进入党政机关、事业单位、国有企业等体制内单位，1996 年以后，随着国内民营经济的发展，校友进入外资企业、民营企业的比例迅速上升。具体来说，1966—1976 年间入学的校

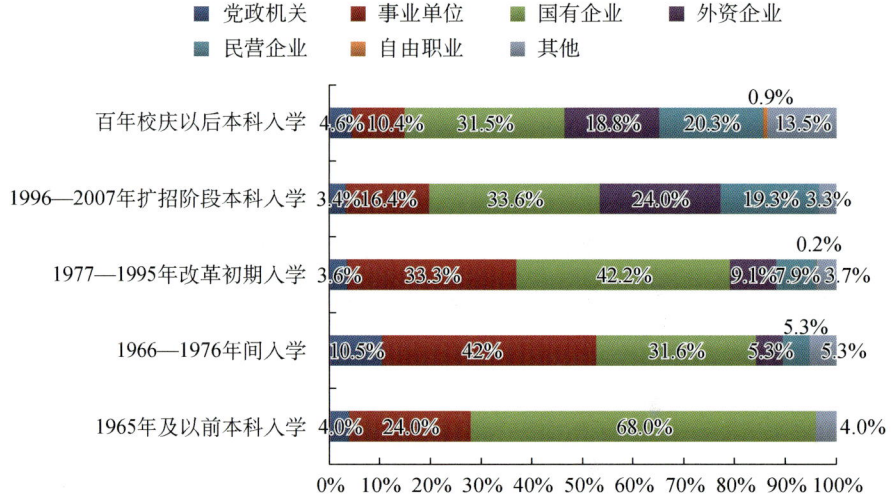

图 2.37 不同年代校友工作单位性质

友,有少量(约10%)进入外资企业或民营企业;1977—1995年间入学的校友,进入体制内单位的比例降低至79.1%,进入外资、民营企业的比例增加至17%左右;1996—2007年间入学的校友,进入体制内单位的比例进一步下降,进入外资、民营企业的比例达到高峰;2007年以后入学的校友进入体制内和外资、民营企业的比例进一步分化,还出现了很多其他形式的就业。

(二) 第一份工作所属行业

如图2.38所示,从校友们第一份工作的行业来看,以实体经济为主,如建筑业、制造业,占总数的43.7%左右,其次是科研、教育行业,两者累计比例约为13.3%,第三是金融、保险业,比例约为6.7%,进入IT、房地产、交通运输等行业也占有一定比例,在4%~5%,基本符合同济大学当前的学科设置和专业特色。从不同年代来看,早期校友进入实体经济和科研、教育行业的比例较高,1996年以后入学的校友进入金融、保险及其他行业的比例增加。

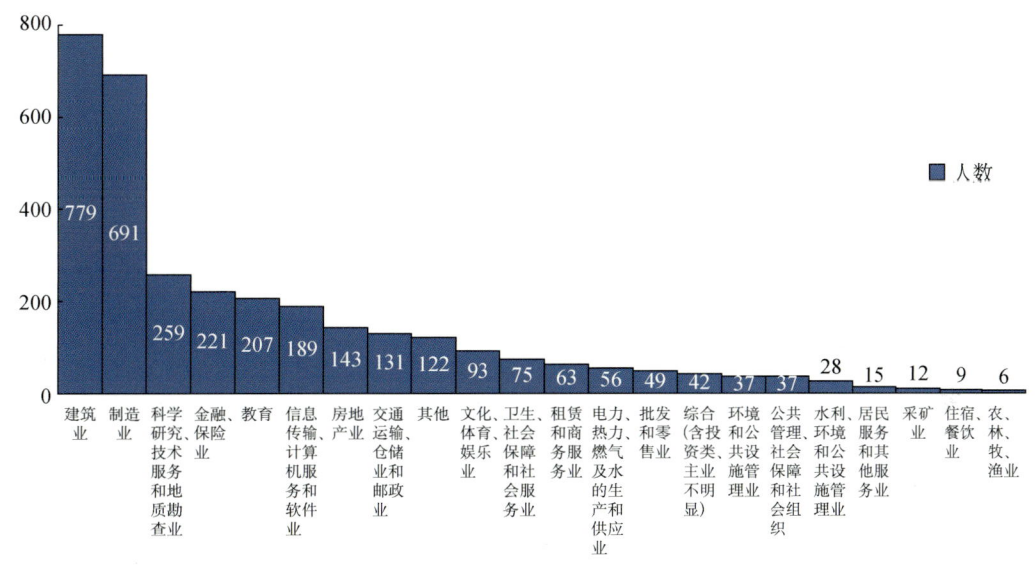

图2.38 校友第一份工作所属行业

(四) 第一份工作的就业岗位

从第一份工作的就业岗位来看,建筑设计类占有绝大多数,接近三分之一,其他岗位分布相对比较平均,如计算机/互联网、机械、经营管理、文教、金融/经济、其他专业类比例都在5%上下浮动(图2.39)。

(五) 第一份工作与专业相关度

学生毕业后,是否从事与本专业相关的工作,是衡量专业教育与社会人才需求趋势匹配的标准之一。但随着社会发展,多元化人才的需求越来越大,这不仅要求学生对本专业的理

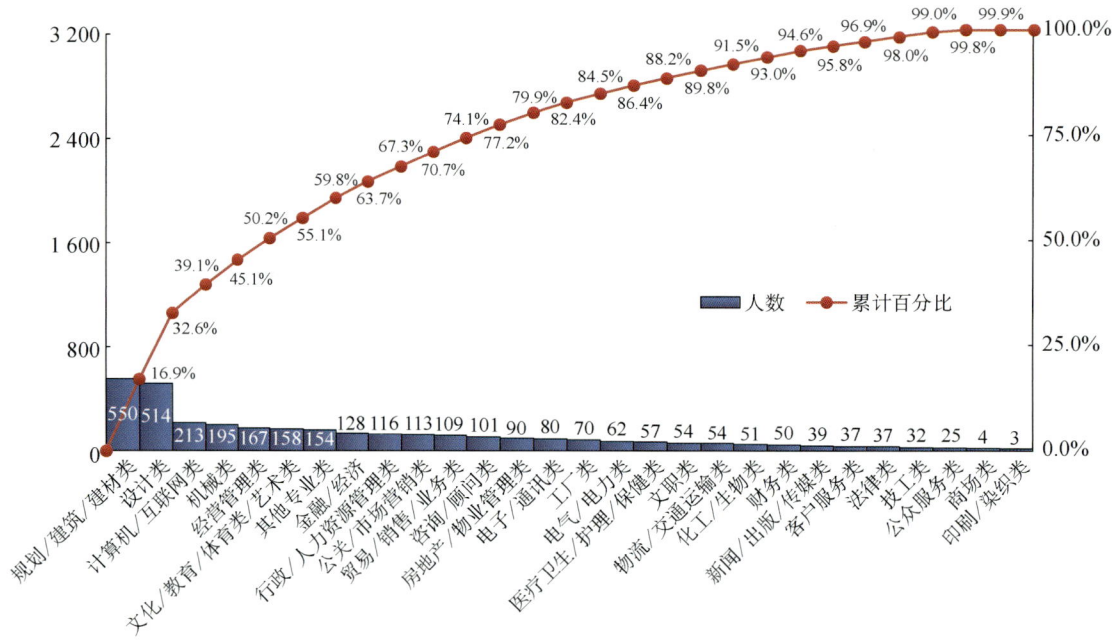

图 2.39 校友第一份工作的就业岗位

论和实践知识有所掌握,也要求学生在管理、市场、人际沟通、团队协作等多方面具有较强能力。社会所提供的岗位以及毕业生获取就业信息的途径越来越丰富,也导致学生毕业后实际从事的工作可能与自己所学专业并不完全关联。调查数据显示(图 2.40),校友第一份工作与自己所学专业非常相关的比例只有 43.1%,不足一半,比较相关的比例接近 40%,不相关或者不确定是否相关的比例接近五分之一,为 18.6%。从年代趋势来看(图 2.41),在国家包分配期间,校友从事工作与专业相关度较强,自主择业以来,校友所从事工作与专业相关度开始下降。1977—1995 年间入学的校友,专业不相关或不确定的比例为 12.0%,1996—2007 年间入学的校友,这一比例达到 20.9%,最近十年来入学的校友,增加至 25.1%。

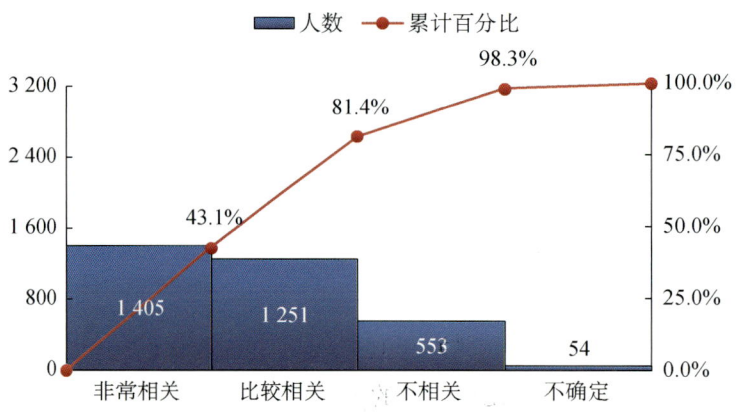

图 2.40 校友第一份工作与专业相关度

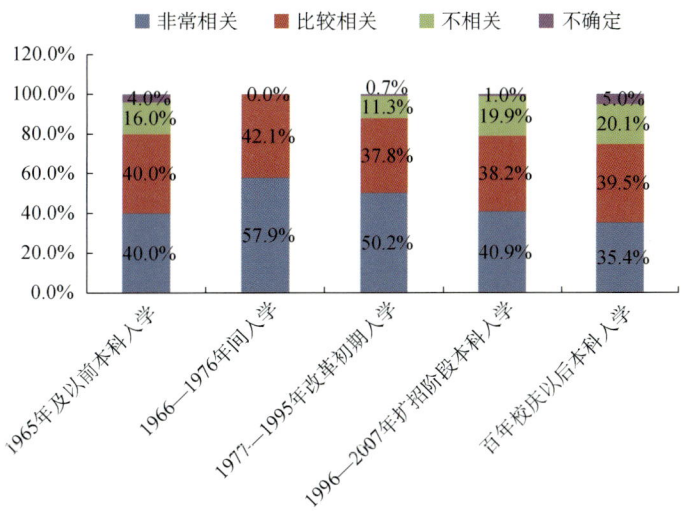

图 2.41 校友第一份工作与专业相关度及入学年份

(六) 第一份工作的满意度

工作满意度是指人们对自己所从事的工作在工作环境、福利待遇、发展空间等多方面的综合性评价。从调研校友的第一份工作满意度来看(图 2.42),总体上校友的满意度处于中等偏上水平,为 7.36 分(最高 10 分)。具体来说,校友对收入水平的满意度最低,只有 6.60 分,其次是发展前景的满意度,只有 6.96 分,对工作条件和工作地域的满意度略高,分别是 7.14 分和 7.81 分。

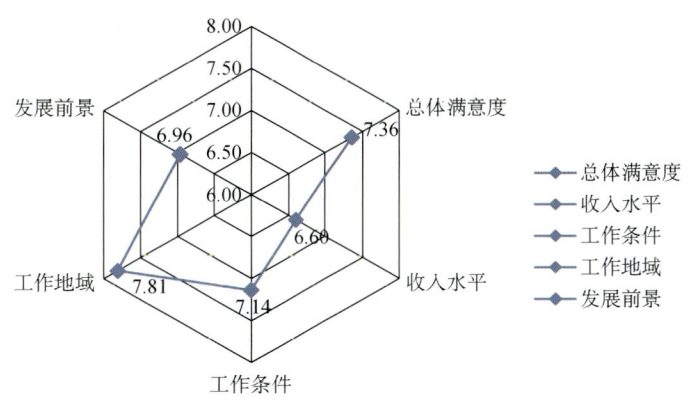

图 2.42 校友第一份工作的满意度

1. 校友对第一份工作的总体满意度

如图 2.43 所示,从不同年代来看,1965 年以前入学的校友第一份工作总体满意度只有 5.60 分,1966—1976 年间入学的校友第一份工作的满意度增加至 7.05 分。改革开放以来,校友的第一份工作总体满意度逐渐上升,1977—1995 年间入学的校友为 7.27 分,1996—2007 年间入学的校友为 7.44 分,最近十年来入学的校友为 7.40 分。

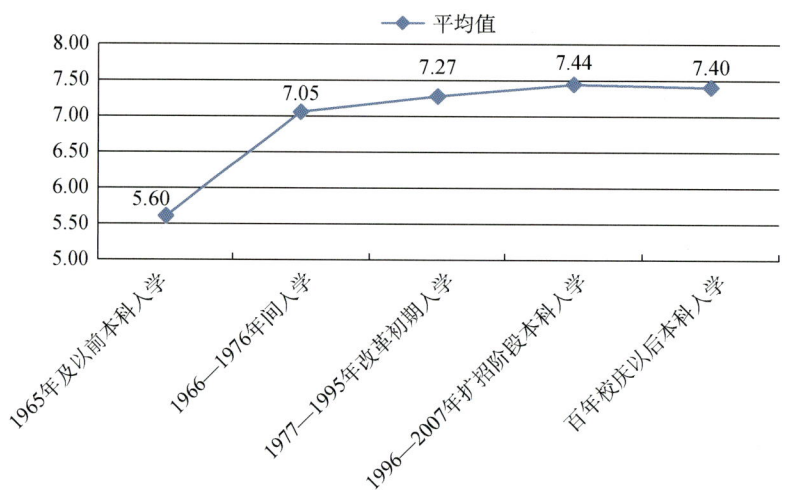

图 2.43　校友对第一份工作的总体满意度

2. 校友对第一份工作的收入满意度

校友对第一份工作的收入满意度总体较低,并且在国家经济发展水平提高、社会平均工资增加的背景下,校友们对第一份工作的收入满意度虽然有所增加,但幅度并不明显(图 2.44)。

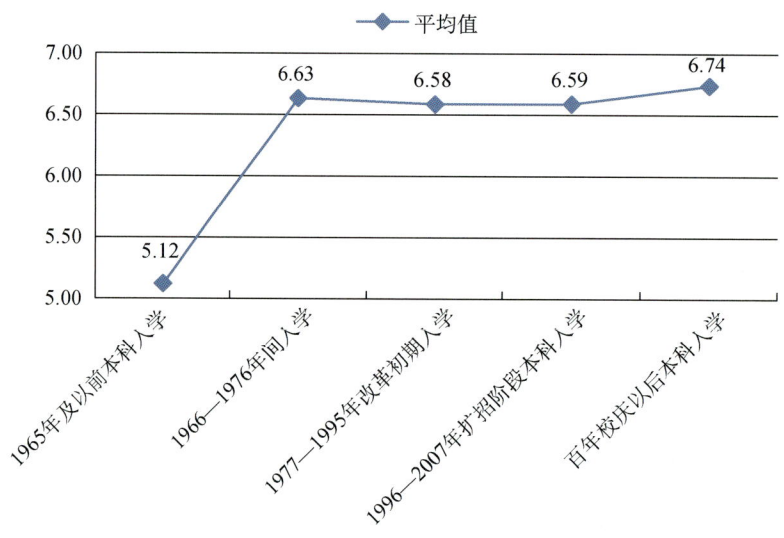

图 2.44　校友对第一份工作的收入满意度

3. 校友对第一份工作的工作条件满意度

如图 2.45 所示,对于 1965 年前入学的校友来说,当时社会整体物质条件较差,可能导致校友们对工作条件的满意度较低,只有 4.28 分。1966—1976 年间入学的校友主要在体制内单位工作,工作环境相对优越,因而满意度较高,当然,也有可能与当时意识形态有关。改革开放以来,校友们对第一份工作的工作条件满意度略有提高。

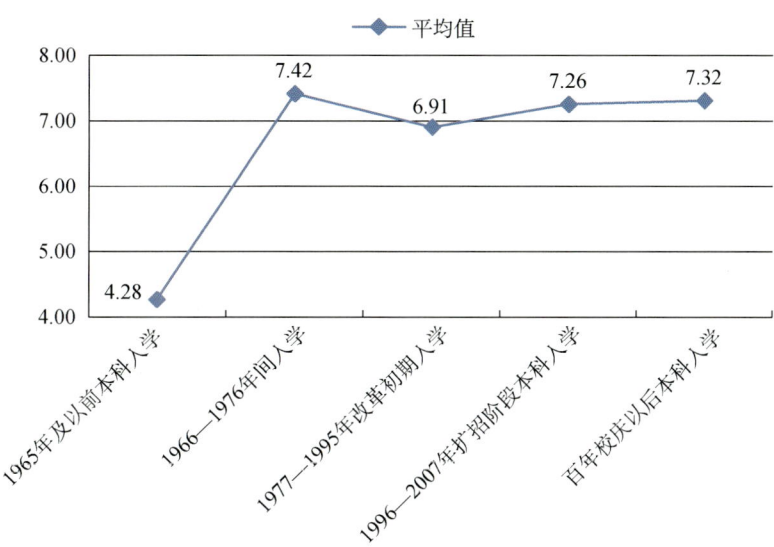

图 2.45 校友对第一份工作的工作条件满意度

4. 校友对第一份工作的工作地域满意度

如图 2.46 所示,改革开放以来,校友们自主择业的机会增加,留在上海和东部发达省份的可能性增加,因而在工作地域上满意度相对最高。1977—1995 年间入学的校友对第一份工作的地域满意度为 7.60 分,1996—2007 年间入学的校友为 7.95 分,最近十年入学的校友为 7.93 分。

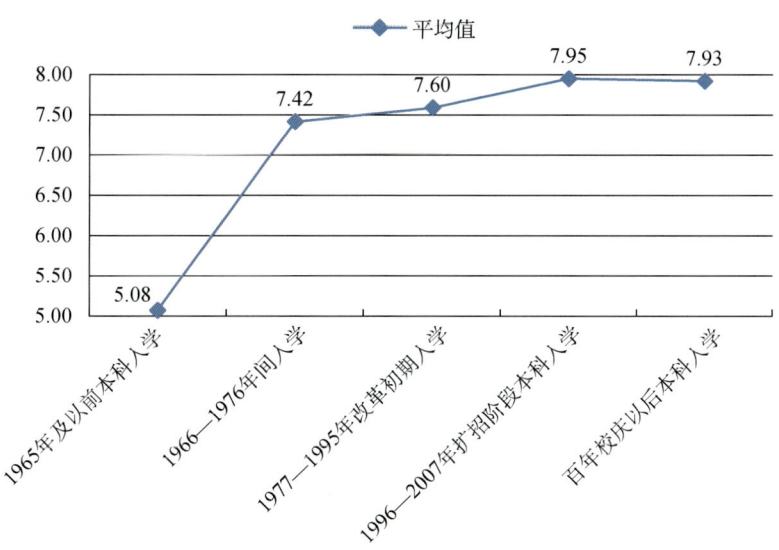

图 2.46 校友对第一份工作的工作地域满意度

5. 校友对第一份工作的发展前景满意度

如图 2.47 所示,在发展前景方面,随着时代的发展,校友对第一份工作的发展前景满意度虽然有所增加,但是总体上处于较低水平。改革开放以来,校友们对第一份工作的发展前

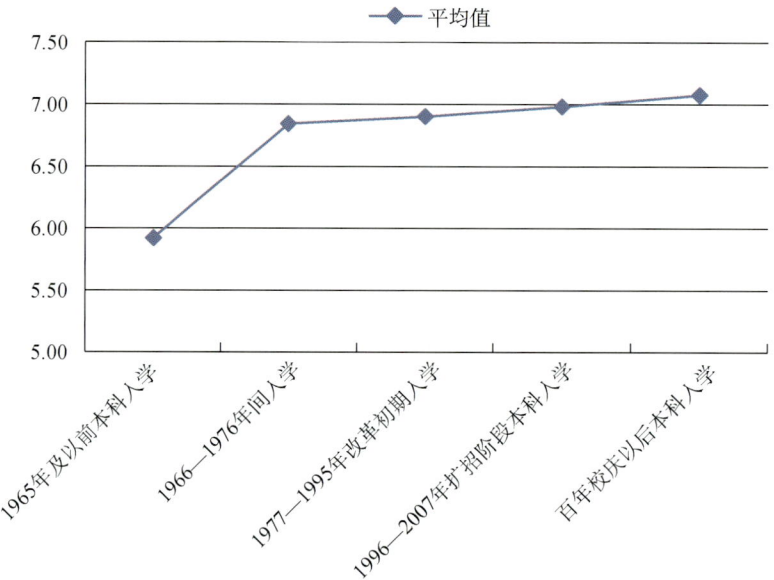

图 2.47　校友对第一份工作的发展前景满意度

景满意度增加幅度不明显（不具有统计显著性）。校友对工作发展前景满意度不高,增加了他们职业流动的可能性。

二、当前工作

（一）更换工作情况

1. 换工作单位的频次

通过本次调研数据分析发现,同济大学校友的职业稳定性较高（图 2.48）。具体来说,超

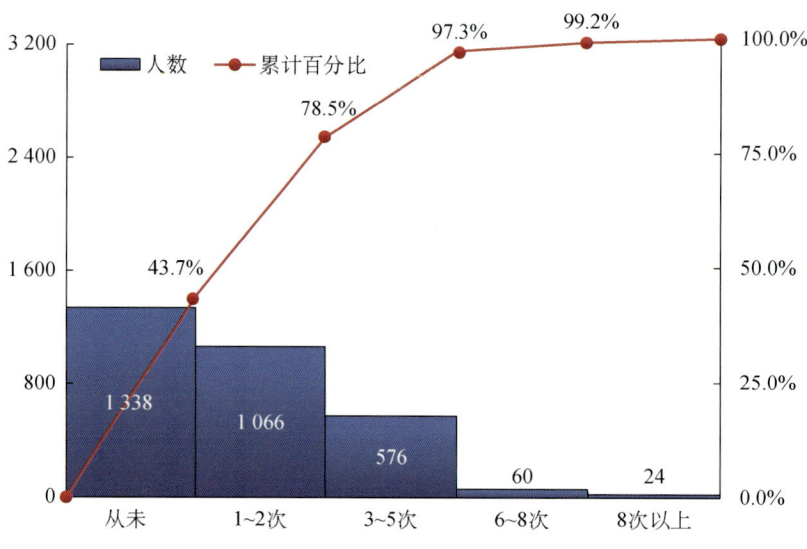

图 2.48　校友更换工作频次

过40%的校友自第一份工作以来,从未更换工作单位,三分之一左右的校友有过1~2次更换工作单位的经历,20%不到的校友有过3~5次更换工作单位的经历,更换工作单位超过6次以上的非常少,只占2.7%左右。

2. 换工作单位的时间

从校友的工作时间来看,一般来说,工龄越长(入学越早)则更换工作单位的可能性越大,具体见图2.49。数据显示,在国家计划经济体制下,校友更换工作单位的次数不多(这部分校友接近或已经退休)。改革开放以来,人才流动更加频繁。其中,1977—1995年间入学的校友(基本上尚未退休),在劳动力市场上工作时间最久,其更换工作单位的情况也更加明显,他们当中,有33.0%的人没有更换过工作单位,也有差不多比例(32.2%)的校友更换工作单位1~2次,更换工作单位3次以上的比例接近35%。相比之下,最近十年入学的校友,进入劳动力市场的时间并不长,所更换工作单位的次数更少一些,有超过70%的校友从未更换工作单位,另有24.7%的校友只换过1~2次工作单位,更换工作单位超过3次及以上的不足3%。

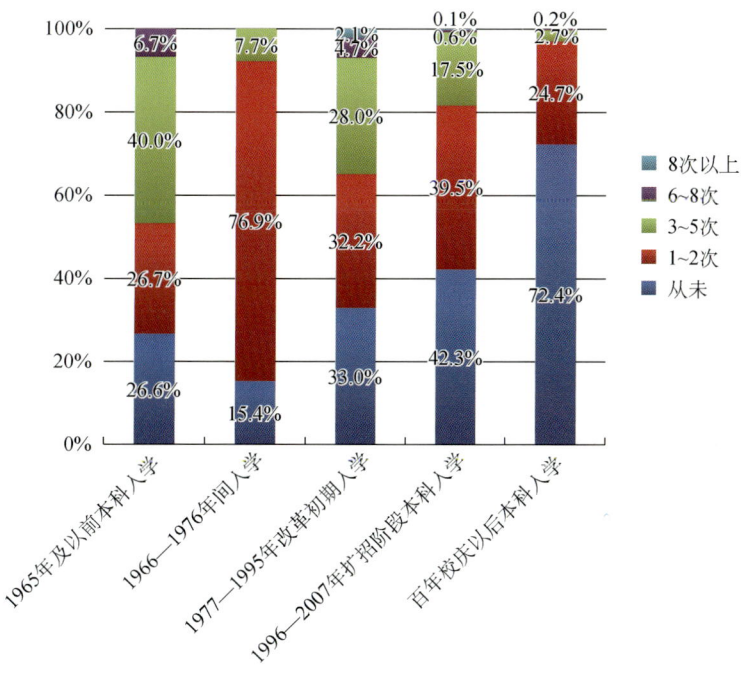

图2.49 校友是否更换过工作与入学年份

3. 换工作单位的时机

从更换工作单位的时机(第一次更换单位的时间)来看,年轻校友比老校友更早(图2.50)。数据显示,2007年以来入学的校友,在入职第一年即更换工作单位的比例达到20.1%,在入职1~2年更换工作单位的比例更是高达59.8%,也就是说,年轻校友中,接近80%的工作单位变动发生在入职的前两年。对于老校友来说,在入职第一年就更换工作单位的比例极低,较多发生在入职后3~5年,尤其是对于那些已经退休的老校友来说,第一次更换工作单位主要都是在工作8年以后。

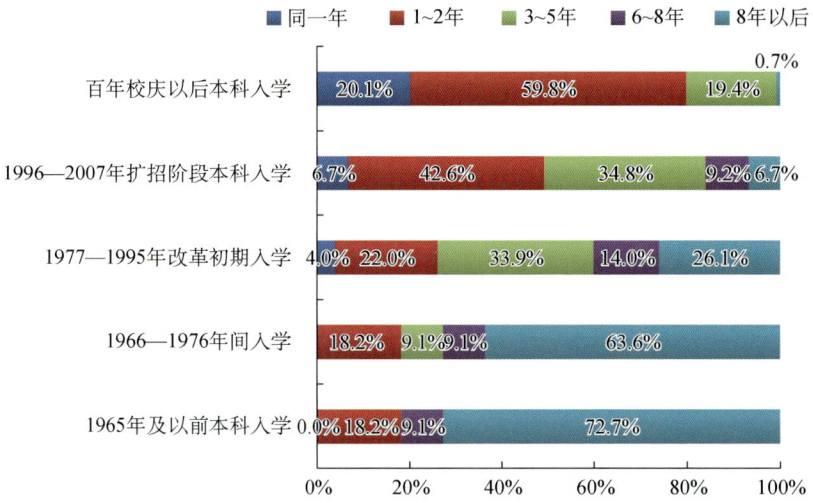

图 2.50　校友第一次更换工作单位的时间与入学年份

4. 更换工作单位的原因

数据显示,校友因为对第一份工作的发展空间不满意而更换工作的,占71.2%,因为对第一份工作的薪资待遇不满意而更换工作的占43.3%。其他因素中,家庭、兴趣爱好、求学深造、组织文化等方面也占有一定比例,各占10%左右。分析年轻校友较早更换单位的原因,可能主要包括三方面。第一,年轻校友对于职业的追求更高(根据前文分析,年轻校友的职业满意度相对更低),在工作中遇到不满意或不公正对待的情况下,能够忍耐的可能性较小。第二,大学生就业形势较为严峻。当前,很多毕业生在就业时本着"骑驴找马"的心态,在入职以后,继续找更好的工作,然后跳槽。第三,新生代大学生家庭负担相对较轻,家庭条件允许他们承担更换工作单位可能面临的风险(图2.51)。

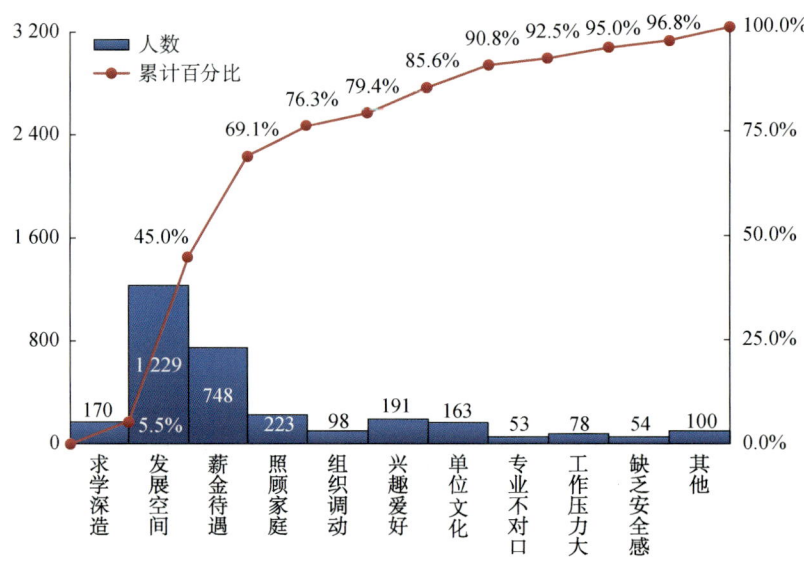

图 2.51　校友更换工作单位的原因

（二）当前工作的获取途径

与第一份工作不同，校友们当前所从事工作的获取途径已经有了明显变化(图 2.52)。通过社会招聘获得工作成为了首要途径，占比接近三分之一。其次是亲友推荐或猎头推荐。另外，大部分校友在积累了一定工作经验和资本之后，选择自主创业，这部分比例达到 11.9%。而通过校友帮助、国家分配、老师推荐和校园招聘会获得当前工作的比例不高。

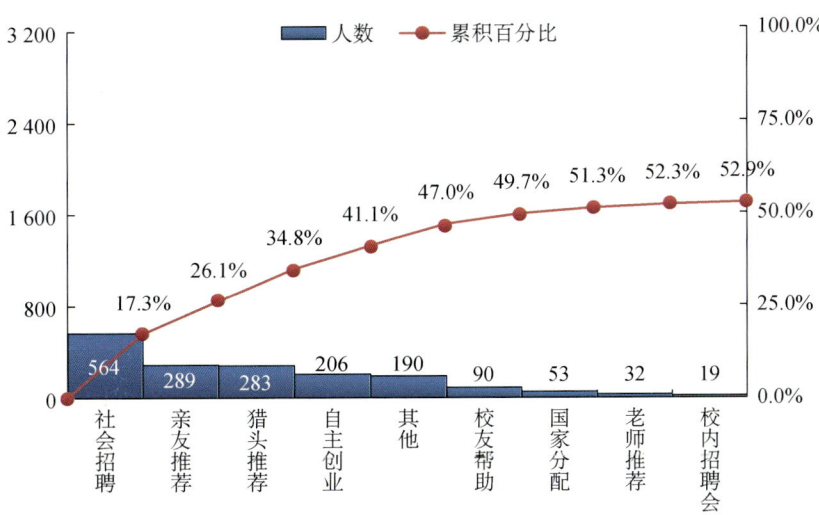

图 2.52　校友当前工作的获取途径

（三）当前工作的单位性质

如图 2.53 所示，与第一份工作单位性质不同，当前校友的工作单位性质是事业单位和

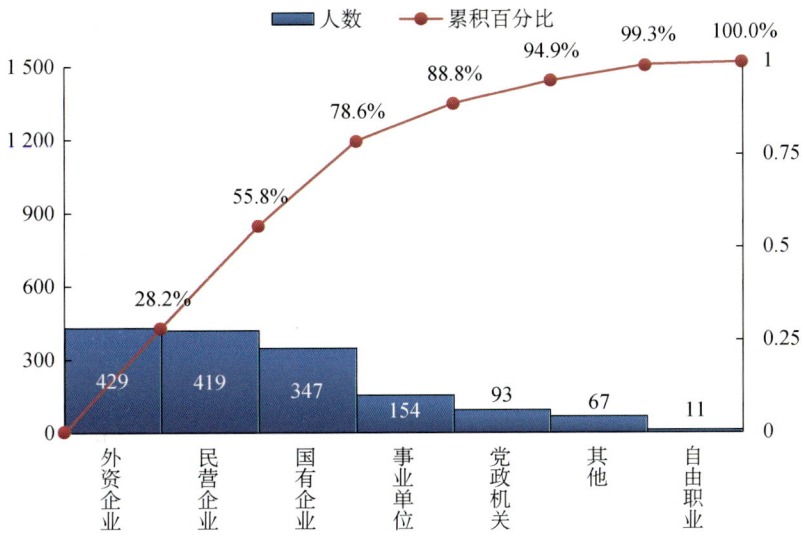

图 2.53　校友当前工作的单位性质

国有企业的比例明显降低,在党政机关、外资企业、民营企业的比例明显增加。这反映了同济校友的主要流动趋势是由事业单位、国有企业向外资企业和民营企业流动,也有少部分从外资企业和民营企业向党政机关和国有企业流动的情况发生。

(四) 当前工作所属行业

与第一份工作行业相比,校友当前工作的行业特征没有明显变化(图 2.54)。制造业和建筑业仍然是两大主流行业,比例分别是 20.2% 和 19.8%。金融、保险业的比例也没有变化,为 8.6%。相对而言,一方面,校友们当前从事房地产业工作的比例较第一份工作有所上升,这与近年来房地产市场的蓬勃发展有直接联系。另一方面,从事教育、科研的校友比例则略有下降。总体上来说,虽然校友们有一定的职业流动,但基本上没有离开自己所熟悉的行业。

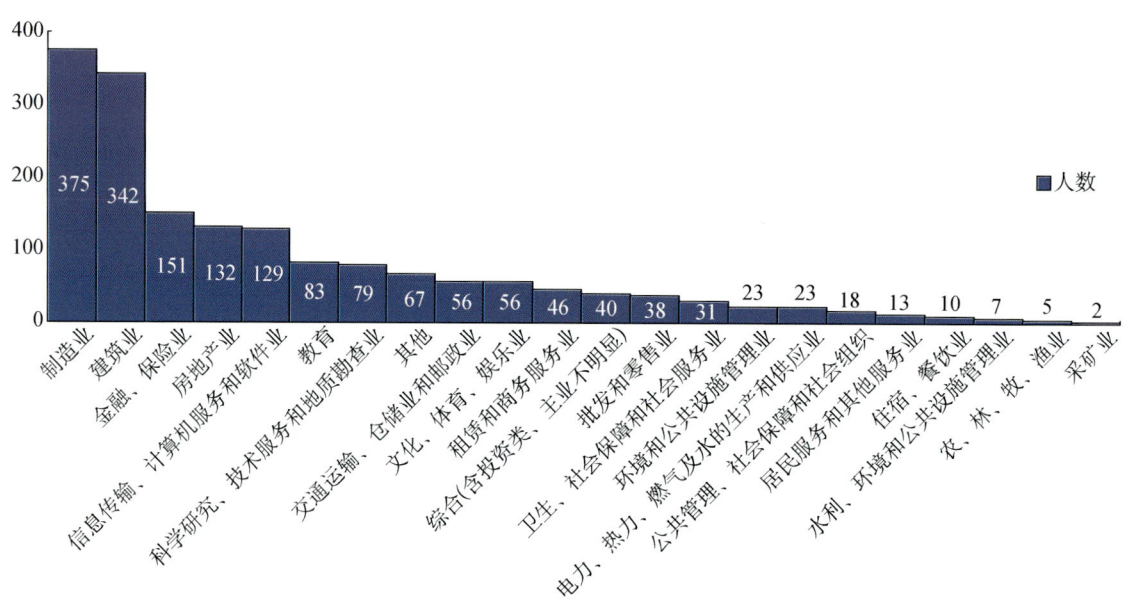

图 2.54 校友当前工作所属行业

(五) 当前工作岗位

虽然校友们的职业变动没有离开自己熟悉的行业,但是在工作岗位上有较大变动(图 2.55)。当前工作岗位中,比例较高的前五位分别是经营管理、规划/建筑/建材、设计、计算机/互联网和行政/人力资源管理类。其中,经营管理类工作占 21%,比第一份工作占比高出 15% 左右;规划/建筑/建材类和设计类工作的比例比第一份工作下降了 6% 左右;计算机/互联网类工作的比例较第一份工作没有明显变化;行政/人力资源管理类工作的比例占 5.2%,较第一份工作(3.6%)有明显上升。

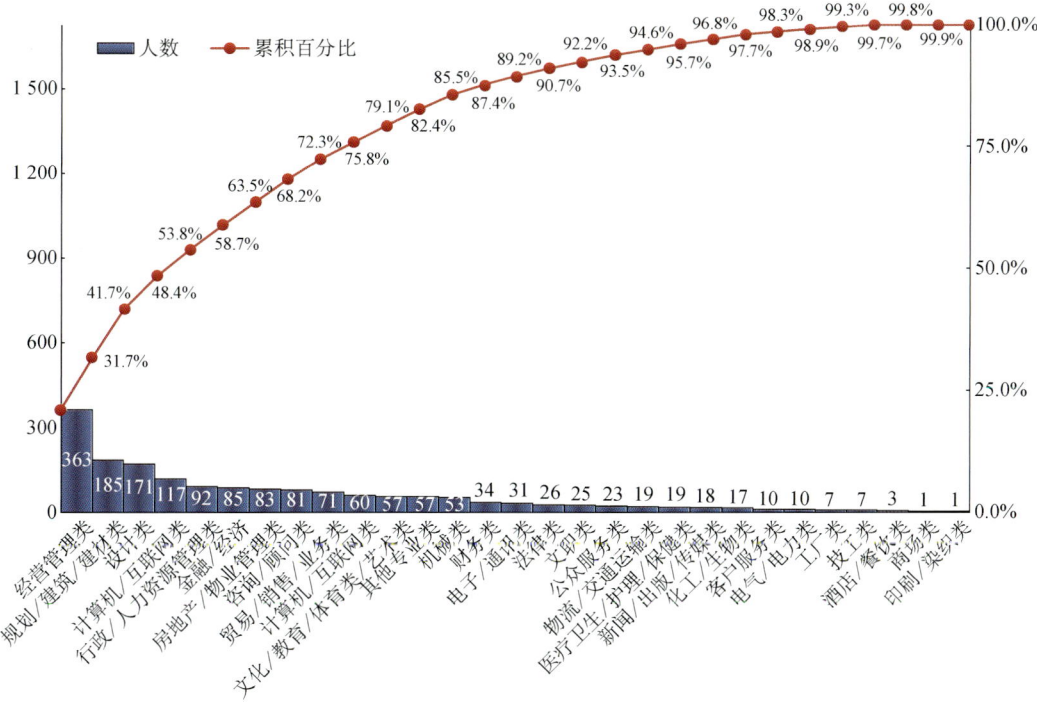

图 2.55　校友当前工作岗位

（六）当前工作的行政级别

行政级别主要是指党政机关、事业单位和国有企业等体制内单位根据领导职位类别和职责设置的一种职务、职级序列。如图 2.56 所示，在校友调查中，具有副处级及以上级别的校友共 210 人，占总样本数的 6.4%。由于行政级别的晋升跟个人资历有着密切联系，所以级别较高的校友主要以 1977—1995 年这一时间段入学的校友为主。

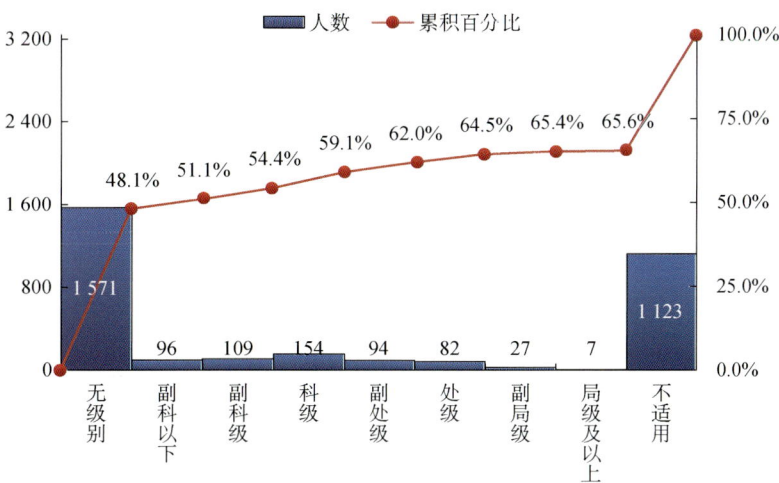

图 2.56　校友是否具有行政级别

（七）当前工作的技术职称

技术职称是对人们所从事岗位的专业技术水平和资质的一种评定。如图 2.57 所示，根据本次调查数据，拥有中级及以上职称的校友比例超过 50%，其中拥有高级和特高级职称的校友比例达到 26.8%，说明校友在专业技术领域对中国社会经济发展发挥着重要作用。但从校友入学年代来看，校友们进入专业技术领域的比例逐渐下降（图 2.58）。究其原因，一方面，职称评定需要一定的任职年限，部门新近入职的校友可能不符合相应的年限要求，但另一方面一个非常重要的原因则可能是，很多年轻校友并没有进入专业技术领域。

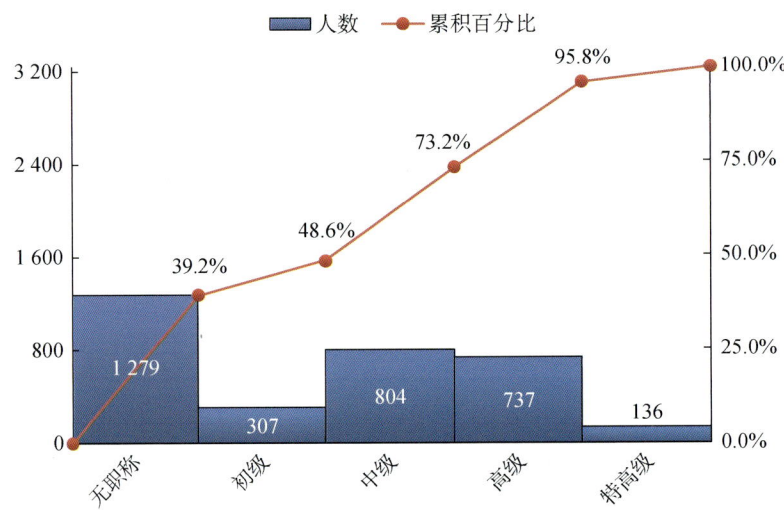

图 2.57　校友是否具有技术职称

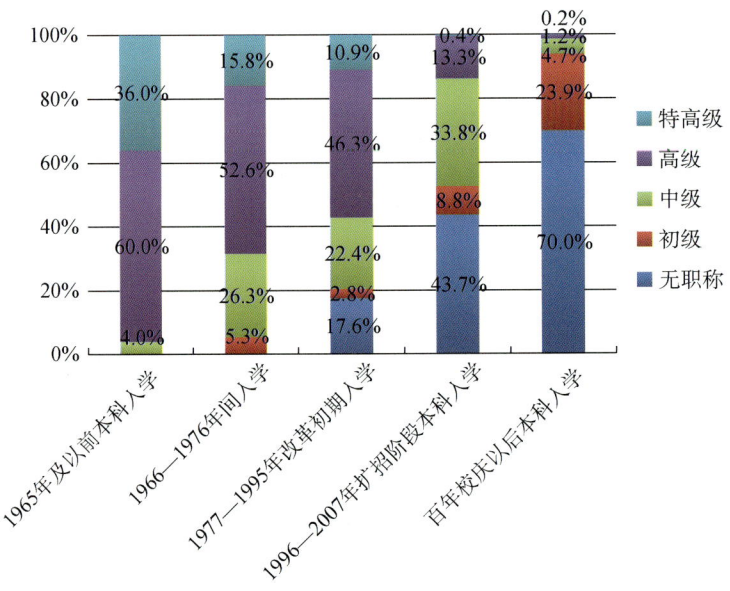

图 2.58　校友是否具有技术职称与入学年份

（八）当前工作的管理层级

如图 2.59 所示，调查数据显示，约三分之二的校友进入到本单位的管理体系，其中进入中层管理的人数比例接近 25%，进入高层管理的人数比例接近 20%，二者累计超过 40%。说明同济校友不但在专业技术领域取得突出成就，在管理岗位上也发挥着重要作用。

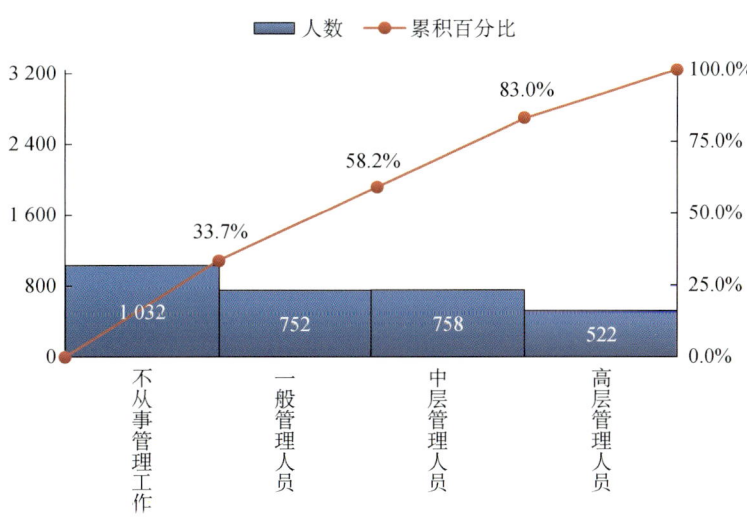

图 2.59　校友是否从事管理工作

与行政级别和技术职称评定类似，管理层级的提升，也需要积累更多的工作经验，因此年轻校友在组织单位中的级别相对较低（图 2.60）。

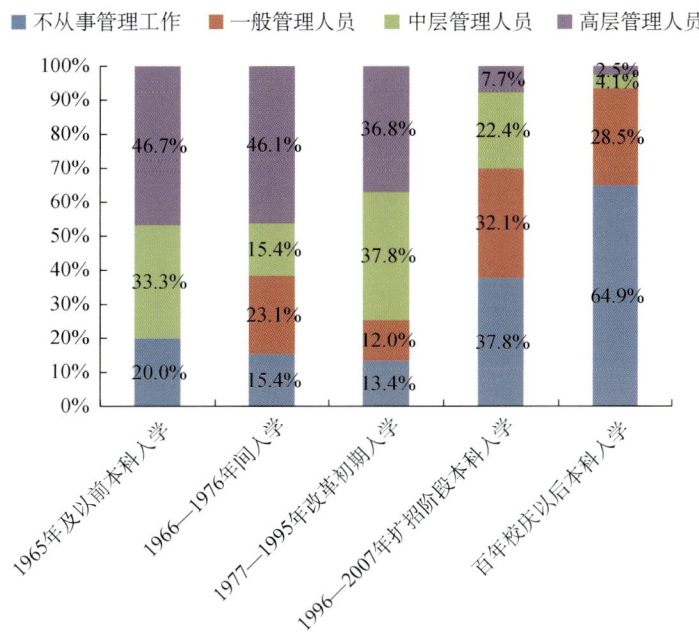

图 2.60　校友是否从事管理工作与入学年份

（九）当前工作与专业相关度

如图2.61所示，从专业关联度来说，校友在经过一系列职位变动之后，当前职业的关联度相对于第一份工作而言有明显下降，专业不相关或不确定的比例较第一份工作上升了7.8%。而且，流动次数越多，职业与所学专业的相关度越低。

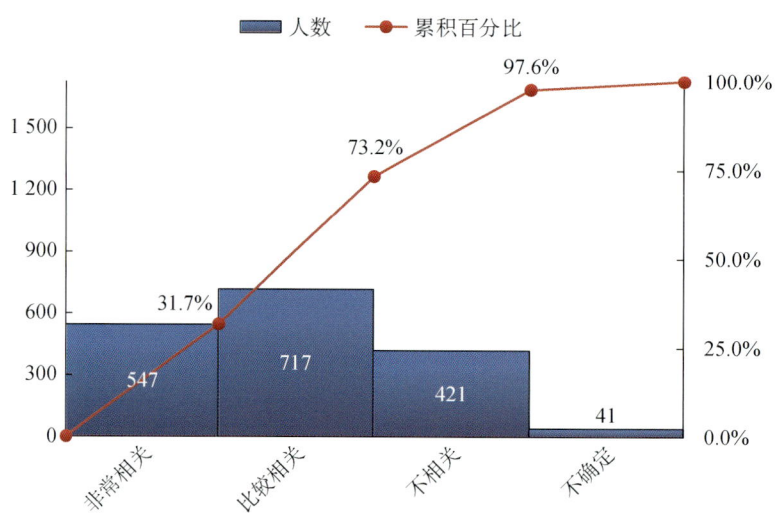

图2.61　校友当前工作与所学专业相关度

（十）当前工作的满意度

与第一份工作相比，校友们对当前工作的总体满意度及单项满意度都要超过第一份工作，但是在满意度排序方面与第一份工作一致（图2.62）。数据显示，校友对当前工作总体满意度的平均得分为8.04分，较第一份工作平均提高了0.68分；在单项满意度中，得分最高

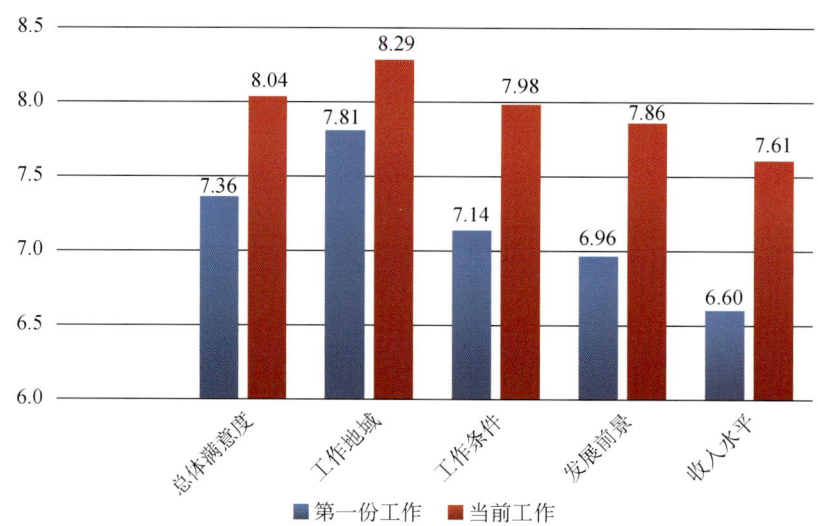

图2.62　校友对当前工作与第一份工作的满意度比较

的是工作地域满意度(8.29分,比第一份工作提高了0.48分),其他依次是工作条件(7.98分,比第一份工作提高了0.84分)、发展前景(7.86分,比第一份工作提高了0.90分)和收入水平(7.61分,比第一份工作提高了1.01分)。

三、创业情况

(一) 校友创业经历

中国市场经济从起步到快速发展,孕育了大量的市场机会。同济校友过硬的技术本领和踏实的工作作风,使他们在创业道路上能够获得信任,取得成功。

如图2.63所示,在参与调查的校友中,共有672位校友有过创业计划或经历,占调研人数的21.90%。这些校友中,当前仍在继续创业中的有451人,另外,220人因为各种原因转行或停止创业(图2.64)。

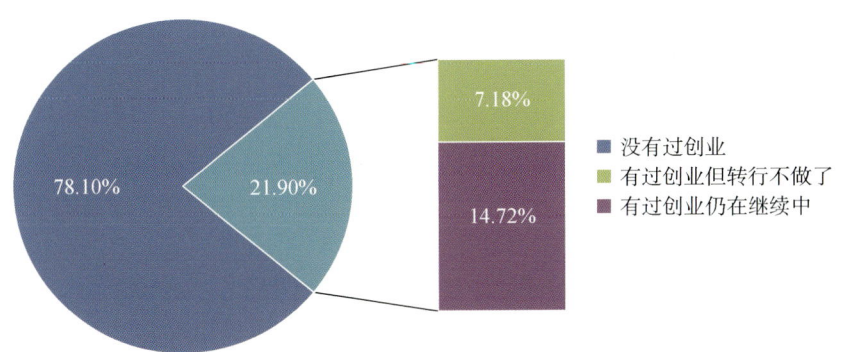

图 2.63 校友是否有过创业计划或经历

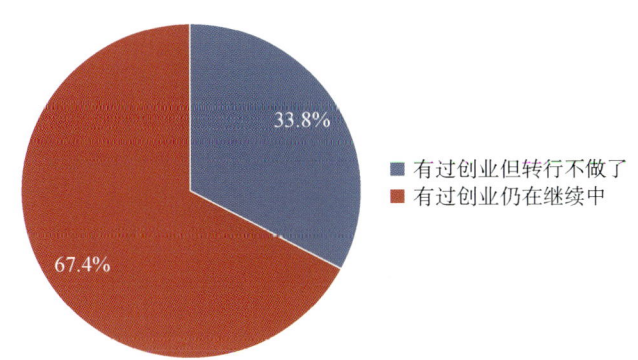

图 2.64 创业计划或现在的经历状态

结合图2.65与图2.66,根据不同年代的校友创业经历来看,1977—1995年间入学的校友,有过创业经历和目前仍在创业中的比例都非常高,分别达到了33%和67%。1996—2007年间入学的校友,虽然有过创业计划或经历的比例相对较低,但目前仍在创业中的比例与上一代校友接近。年轻校友(2008年以来)虽然有较高的创业热情(比例达到28.6%),但由于各种原因转行或停止创业的比例较高。

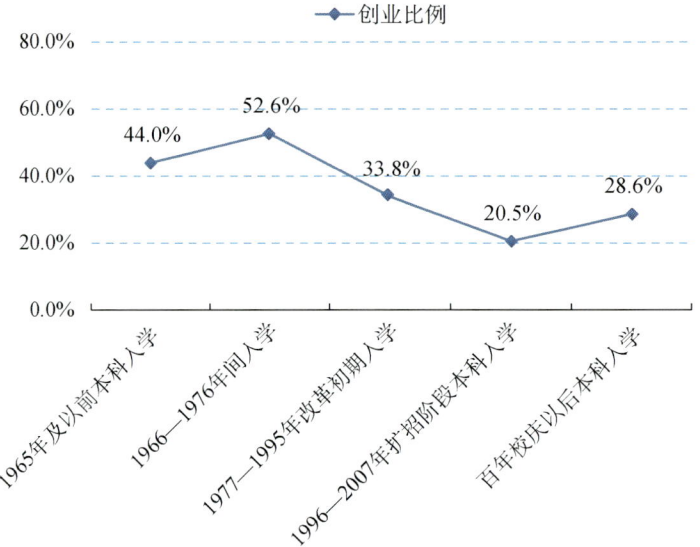

图 2.65　各入学年代校友创业比例情况

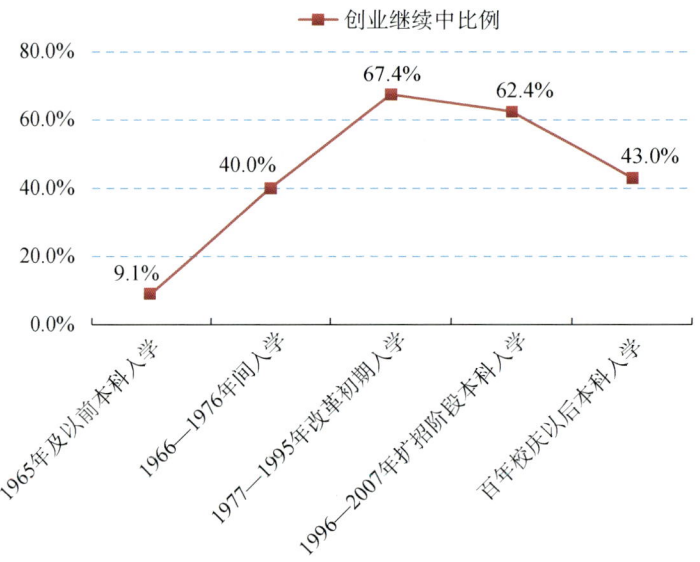

图 2.66　各入学年代校友创业继续中比例情况

(二) 校友创业的行业和领域

校友创业的行业和领域与其在创业前的工作行业和领域非常相关。创业行业主要分布在建筑、制造、信息传输/计算机服务和软件、文体娱乐、教育等，详见图 2.67。

(三) 校友对创业关键要素的理解

校友在创业方面的经验对在校学生来说具有重大的参考价值。如图 2.68 所示，关于

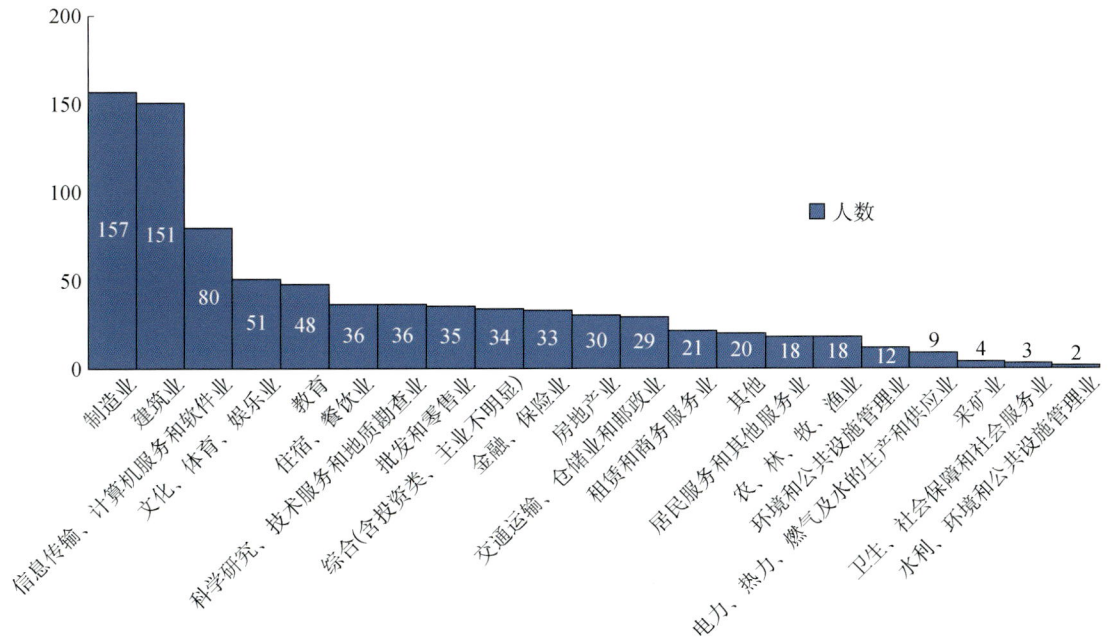

图 2.67 校友创业所在行业

如何才能取得创业的成功,绝大部分有过创业经历的校友都认为第一需要坚持(76.8%),在创业之初,不可避免会遇到各种困难和挫折,需要坚韧的品格。第二需要的是执行力(71.1%),良好的执行力能够将想法转化为实践动力。第三则是规划(46.0%),要根据自身和团队的特点,明确行业发展的方向。第四是创意(36.6%),创新能力是企业生存的核心。

四、职业反思

同济校友在职业中表现如何,如何评价职业成功,这对将来开展在校生的职业发展教育具有重要的参考价值。

通过在企业中担任高管的校友对企业中同济人的评价来看,最令人印象深刻的首先是同济人的责任感(8.82分)、专业能力(8.81分)和执行能力(8.72分),其次是知识性(8.67分)、自信心(8.66分)、适应性(8.54分)和进取心(8.52分),而在待人接物(8.01分)、全球视野(7.85分)和文理兼修(7.73分)等方面则稍逊一筹。

什么样的工作才能体现自己的价值?在同济校友看来薪酬福利是体现就业质量的首要标准(选择这一标准的校友比例达到80%),其次是该职业的社会认可度(社会贡献和社会地位,占47%),再次是工作适应、稳定性(33.7%)与工作环境(32.0%)。

第三章
定性研究

第一节　同济求学路

本节的主要内容是同济大学校友回顾在同济的求学的历程，包括报考同济大学的原因、专业学习的经历与收获、对印象最深刻的老师的回忆、丰富的课余生活、在同济最大的收获和在同济最大的遗憾五个部分。来自全国各地的校友，因为一张试卷和一张志愿表或必然或偶然地相聚在同一个坐标——同济，从此便刻上了"同济人"的烙印。在同济的时光是每一个校友青春记忆的焦点，在这里他们培养了扎实的专业技能，结识了受益终身的良师益友，或苦或甜或清晰或模糊的同济求学记忆展现的正是属于同济校友的青春记忆。

一、打开同济之门

同济大学的持续发展得益于不断地吸引到了优秀的生源，当年校友们在填报志愿时为何选择同济？报告针对"选择同济"这一问题的回答完成了词频分析，排除"同济"等默认的高频词后发现："专业"（468）、"上海"（200）、"这座城市"（82）是很多校友选择同济的重要原因之一；"朋友"（131）、"亲戚"（115）、"老师"（105）、"推荐"（213）也成功地为同济打了不少广告。很多校友报考大学的那个年代，由于信息渠道闭塞、对全国大学知之甚少，所以往往是先选定上海这座城市，再在与自己能力相匹配的几所上海高校中选择。校友们选择同济的理由主要集中在以下几个方面。

学校能够吸引到学生，首先在于它的社会声誉，尤其是针对同济几大优势学科慕名而来的校友占了很大的比例，而同济声誉的传播渠道主要是新闻媒体、老师、亲朋好友的介绍等。其次，一些当年成绩特别优秀，可以上清华、北大的校友最后也选择了同济，他们认为，如果到了清华、北大可能读不了自己理想的专业，选择同济就可以选择到自己最满意的专业。另外，还有一些相对感性的因素，有人觉得同济校名大气、亲切、有品位，有人喜欢同舟共济的精神以及自由开放包容的人文情怀，有人相信同济在招收学生和培养学生时能摒弃门户之见、开放包容，有人向往同济给予学生的自主选择、自由发展的政策。其中不乏一些温馨的故事，比如一位校友讲到她在参加同济自主招生考试时，一位监考老师的举动，让她感到这里的老师很关心学生，会主动为学生提供帮助，她就毫不犹豫地签下了自主招生协议。

下面就是一些校友跟我们分享的各自与同济的缘分。

（一）地处上海的优势

上海作为国际化的大都市，拥有相对完善的基础设施、多元的文化氛围、众多的发展机会和对外交流平台，这些对于全国各地的学子而言都具有巨大的吸引力。同时上海作为南方城市的缩影，精致温婉的城市气质也成为一些校友选择来上海读大学的原因。一旦选定上海，校友们再考虑自己的分数和专业倾向，选择面就缩小了很多，最后因为一些个体化的考量,校友们就这样进入了同济。

> 我们当时入学是1996年,也就是20年前了。当时考同济可能是由于我们那时候考大学是先报志愿,一个班几个同学先看看别报冲突了,比如清华、北大的大家先看看谁能去,别大家都报那,大家分散开来。我们男孩子嘛,本身可能对工科比较感兴趣,当时就想着往上海去,我们班大概有4个同学想去上海吧,很不幸最后只有我一个人去了。
>
> ——1996级地质学专业校友

> 我们那时候其实信息不像现在这么发达,那时候所有的报考信息其实就是学校里发的一个大本,上面有全国所有院校的专业设置、简介。因为没有网络,没有其他的信息来源,所有的信息就是看那个大本。当时我就是想去上海,所以就先把城市定好。去上海的话其实当时来说,名气比较大的就是复旦大学、上海交大、同济这三所学校嘛。我是学理科的,复旦大学我不知道它们也有理科专业,只觉得复旦大学是学文科的,所以就第一个先给pass掉了。上海交大和同济大学说实话那时候听着名字觉得上海交大有点小气。
>
> ——1990级汽车设计与制造专业校友

> 选择同济是有意识的,本来当时是有机会推荐或是保送到浙大的,但是我喜欢上海,它是一个比较国际化的城市,有广阔的视野,同学都来自四面八方,而我这个人喜欢跟来自不同地方的人进行交流,所以当时没有选择浙大。
>
> ——1987级城市燃气专业校友

> 开始心里想的是浙大和同济,后来想来上海发展,填(志愿)的时候就索性填了同济。研究生就考过来了,主要就是觉得咱们同济所处的上海这座城市相对杭州来说机会更多,另外看到的、学到的东西可能更多一点,所以就选择过来。
>
> ——2010级马克思主义中国化专业校友

> 我本科是在北京读的,来上海是想体验一下上海这座城市,后来因为我是学数学方面的,(目标是)同济、复旦还有上海财大这些学校,还有华师大都有,但因为一些机缘巧合吧,当时复旦的夏令营很早就结束了,时间没赶上。然后和我同济的导师可能也比较有缘分,因为北京的学校收回执函是比较早的,他就愿意调整一下这个时间,所以就正好来了这所学校。
>
> ——2010级数学系校友

> 开始报志愿时填的都是北京的,因老家是河北的,距离比较近,老师、同学们也这么建议。后来突然想"离家太近了,没意思",就把志愿全改了。第一志愿选的是同济,第二志愿填的是四川的一所院校,总之是全改成外地院校了。当时就知道同济是"建筑老八校",那会儿觉得复旦是文科类院校,同济是理科类院校,自己高中分班是理科班的,就报了同济。
>
> ——1992级水利专业校友

我大学入学是2000年,但在高中的一个暑假,好像是1998年,我曾经到上海旅游过。当时从比较粗糙寒冷干燥的北方到精致温暖湿润的上海,感受到的反差还是很明显的。也特别喜欢上海的街道、时尚、讲究和各式各样的美食。我们家开了一家上海餐厅,在当地还是很受欢迎的,包厢的名字是上海的各个区名。我每天吃着香菇青菜、两面黄、小笼包、红烧肚裆……所以大学考一所上海的学校,也成了必然。因为在上海旅游的时候,我特意去参观了几所自己有可能去的高校——复旦、同济和上海交大。上海交大的校园风格是我不太喜欢的,复旦不错,同济比较有艺术气息。因为我是学理科的,偏向于考工科,所以就没有选择复旦。但是高考考得不好,本来报的是建筑学专业,后来调剂到医学院,我们那一级临床专业的人大概有超过90%都是这种情况。

——2000级临床医学专业校友

(二)声誉的吸引力

一所学校吸引学子的最主要因素就是实力,而声誉则是实力的体现之一。不论是在信息发达的此时,还是在信息相对闭塞的彼时,同济以其源远流长的历史底蕴和强大的办学、科研实力吸引着来自全国各地的优秀校友。

当时选同济就是觉得对这个学校比较好奇,因为当时信息没有现在这么便捷,了解学校也没有网络,更多地就是通过社会上的反馈。我们在北方啊,同济在南方嘛,这个可能了解得不是特别多,大家都知道这是好学校,牌子比较好,所以我也想去看看,基本上出发点也比较简单。

——1996级地质学专业校友

肯定是同济的学术氛围吧,首先我觉得在高中阶段其实对大学还不是很了解,同济在我们江苏老家那边名气还是很响的,它的地理位置比较好,在上海,上海这边大家都知道的,复旦、同济、上海交大,这三个学校在我们江苏人心目当中属于比较顶尖的大学。

——2001级设计专业校友

我进入同济已经是十九年前的事情了,历史很悠久,那个时候其实我们作为高中生,对专业并不了解,所以选专业和学校的时候没有特别明确的目标。怎么会选到同济呢,因为当时同济是全国知名的学校,很巧的是我中学所在的班级当时有一张学生海报,就是同济大学,所以我就报考了同济大学。就是因为这张海报,这张海报让我对同济大学有了一定了解,因为在20世纪90年代的时候,同济大学在全国非常知名,排名在全国前十左右,老师也觉得这个(学校)很好,对父母来说也是很好的选择。

——1998级应用化学专业校友

同济不仅综合口碑在全国范围内属于佼佼者,更因其鲜明的学科特色和强势的传统与新兴学科成为各地学子的求学圣地。一些分数线达到"清北线"的校友依然为了同济的优势学科,例如土木、建筑而选择同济。除此之外,近年来同济的一些新兴学科也在全国范围内占得一席之地,例如汽车专业。校友们在确定了自己的兴趣爱好和实力与同济相符之后,同济就成为了他们的不二之选。

> 可能从建筑类高校来说,同济在我们心中一直就是一个圣地吧,这是一个方面的原因;第二个方面,我原来读书的学校,山东建筑大学,和同济的渊源非常深,像我导师就是同济毕业的,我们学校很多专业的学生都会往同济考。
>
> ——2010级建筑工程管理专业校友

> 到现在为止,大家可能对同济的印象都是以土建为特色的工科学校。现在可能加了汽车或者什么。所以在当时,从我们陕西考过去的时候,我的第一目标就是建筑学。当时建筑学院在我们省招生的名额非常少,可能就一两个,所以就调剂到了医学。
>
> ——2005级临床医学专业校友

> 我是在黑龙江上高中,当时觉得同济大学在建筑、土木方面是在全国甚至全世界都是非常有名的。我父亲当时是做机械工作的,所以我觉得选择同济是我一个非常大的愿望,当时报考的也是工程管理专业,这个专业就是搞建设管理房地产的,也是我喜欢的方向,这就是为什么我选择在同济学习的原因,而且同济在985高校里面也非常知名。
>
> ——1999级工程管理专业校友

> 首先肯定是因为专业的原因,因为当时想读建筑学,同济这方面还是比较强势的,其次我自己觉得设计还是比较有意思的一个事情。可能因为小时候喜欢画画,会把这个作为选择专业时候的一个因素。
>
> ——2001级建筑学专业校友

> 源于我的个人爱好吧,我小的时候喜欢绘画,所以我的父亲就建议我今后可以从事设计行业。因为他是清华毕业的,他当年的理想是进入清华建筑系,没有考成功,进入了清华的热动力专业,比较遗憾,所以就建议我学习建筑学。后来我逐渐接触到了建筑学的书籍和知识,在了解的过程中发现建筑学非常适合我自己,因而就准备在建筑学领域深造。在当年,建筑学最好的学校是清华和同济,正好当年有机会进入同济深造,因而也就来到了这里。
>
> ——1987级建筑学专业校友

> 选同济大学主要有两个原因:第一个是我了解了一下当时在国内岩土地下这一块,最强的是同济大学,河海大学侧重岩土,因为我是搞结构的,我从搞建筑结构、桥梁结构到隧道结构,我就发现地下工程的科学点多或者说是创新点多,盲点多,就是不成熟的东西多,那将来研究的方向就大有所为。第二个就是很多科学家预言21世纪就是地下工程的世纪,轨道交通、地下隧道,特别是跨海跨江跨河流的这些隧道,将来还有城市的地铁,都离不开地下工程,所以我是从这个角度考虑的。同济大学当时是实力很强的,我分析了一下,当时是有两位院士,一位是我们的孙钧院士,一位是我们的刘建航院士,

而且集聚了一批几十个梯队型的这种骨干教师,所以我比较崇拜,比较向往。

——2000级岩土工程专业校友

同济的交通规划专业在全国属于一个比较顶尖的专业,我就一直想去一个全国顶尖的领域感受一下,学一些知识。

——2008级交通规划专业校友

有一次回家看《新民晚报》,看到同济大学嘉定校区,那个时候刚刚开始动工,他们就介绍那边会是一个汽车学院。其实后来嘉定不单单是一个汽车学院的定位,还有机械、经管等都拉过去了。但是一开始定位其实嘉定是一个汽车学院的校区,而且是跟大众贴得很近。那我觉得不错哦,而且其他学校也没有独立的汽车专业、汽车学院,只有同济有。那时候就立志要上同济了。

——2003级车辆工程专业校友

其实还有点偶然的,因为我是山东生源,山东的高考在全国来讲是比较难的,而且那年同济的城市规划在我们山东一共只收3名学生,也就是说,如果你要保证(考上),即使你的成绩非常靠前,是全省的前100名,但只要在你前面有3个人报了同济,这个专业你就是第四名,就上不了。所以说,对于像山东这种情况的省份来讲,如果要考到我们同济,尤其是规划,是非常难的。当时是因为我的中学是省重点中学,我们整个学校高考的成绩还是很好的。我当时其实是够清华的提档线的,但是我不确定我是否读得了建筑学。我当时觉得去业内第二不必要,于是就选择了同济,我是为了城市规划去同济的。当时我们班的一个男生也非常优秀,他的成绩跟我差不多,他报了同济的桥梁系,也考上了。我们两个(情况)很特殊,是当年我们整个烟台市区里唯二考上同济的。所以,当年因为我们两个报考同济的原因,学校老师把其他报考同济的学生全部劝退了,而事实证明也是救了他们。因为那年,我们两个把同济在我们那个市的提档线拉了将近100分。那年的高考是非常的偶然,但是我跟我那位同学是用了必胜必上的决心报的同济,我进了学校以后,果然是我们那一年同济在山东招生的3个人里面成绩最高的。

——1997级城市规划专业校友

当时情况是这样的,1999年是大学第一年扩招,2000年是第二年,我当时在班上的成绩一直保持在前三名,我们学校又是省重点高中,但是我当时的成绩考清华估计是不行的,而同济的工程类专业当时非常有名,所以就想着读一个和清华一样水准的专业,当然也得益于大学扩招,最后就报考了同济土木工程。

——2000级土木工程专业校友

(三) 校名具有特色

同济因其大气响亮、独具特色的校名,也博得了不少校友的好感。

我是2000年入学的,当时高考填志愿的时候,中间还有一点小插曲。因为我老家在湖北,我们那个时候(都喜欢)报考华中科技大学,它的理工科也是非常强的。最开始的时候，华中科技大学来我们高中做了推介，他们说如果我填了那所学校，会考虑优先录取。当时，我们是考完成绩出来之后估完分再填志愿，填的时候，我有一本参考资料。我一边考虑到底要选哪些学校，一边也跟我同学有些交流。一个同学问我说你报哪个学校。我说我还在看，问他，然后他说他爸爸让他报同济，他妈妈让他报北外。我一听同济，这个名字听着好熟悉又特别有感觉，我不知道为什么对我有一种非常亲切又让人印象深刻（的感觉）。然后我问在哪儿，他说在上海。我说那个也不错，我就到当时那本报考学校介绍资料里去找，仔细去看同济大学。我又去仔细查了其他一些资料后，就马上把第一志愿就改成了同济大学。其实我当时选了同济就是认准了想要到上海来。我当时想离家远一点，看看上海这个地方是什么样，感觉是很神秘，很向往的，同时同济这个名字让我感觉是一个让人特别向往的学校。说实话，那个时候互联网也不发达，在2000年的时候，我们还不知道上网是怎么回事，也没有手机，所得到的信息是很有限的。其实我小时候也听说过同济这个名字，同济医科大学，那个时候在武汉，后来被并入了华中科技大学，所以同济这个名字在我印象当中是非常深刻的，当时就是这么一个插曲所以选择了同济。

——2000级临床医学专业校友

选同济一个是因为我比较有一点德国情结，就是我对德国很有兴趣，同济最初是德国人办的嘛。其实以我个人的志向来说的话，我其实当时是想学广告的，但是我是读的理科，然后我看很多有广告专业的学校都是招文科的，但是同济是招理科的。当时这个逻辑可能也比较怪，我觉得北京的学校太多了，选起来太麻烦了，除了北大、清华以外有好多学校，都差不多，而上海就比较简单，就是上海交大跟同济两个学校，二选一就行了。然后上海我又没有去过，北京我有一大堆亲戚，我想上海没人管比较好。上海二选一呢我就觉得同济这个名字听起来比较有品位一点，差不多就是这样几个原因吧，然后就定的是同济。

——2003级应用化学专业校友

（四）仰望同济著名学者

同济如今的成就不仅是各位校友的功劳，更离不开百余年来众多杰出学者的付出与努力，这些知名学者一直以来都是令同济骄傲的名片，吸引着一批又一批的学子。

当时在《人民日报》上看到一篇关于李国豪的文章，是报道他作为南京长江大桥总技术顾问的相关事迹，觉得他很了不起、很伟大，然后知道他还是同济大学的校长。我就问我妈，可不可以报同济大学，我妈是在南京长大的，原来就想考同济但是没机会，于是我便圆了她这个梦。

——1978级道路工程专业校友

报志愿时存在一定偶然的因素，其中一部分原因是当时李国豪先生在同济大学任教、十分有名，并且被《中学生数理化》杂志中对同济大学的老师、学校历史、设施条件的介绍所吸引。当时受到一位专门从事道路方面工作的朋友的影响,对道路交通拥有十分浓厚的兴趣。

——1986级公路与城市道路专业校友

有一个亲戚,他参加了一个学术年会,然后有一个同济的院士,也是建工方向的,当时做演讲。他觉得特别好,他推荐的。

——2005级土木工程专业校友

(五) 同济精神与人文情怀

同济的校训"同舟共济"不仅影响着一代又一代的同济人,更成为人们对同济最初的朦胧印象。同济不仅拥有严谨求实的学术氛围,更兼具自由、开放、包容的大学风范,这也成为一些校友选择同济的重要原因。

1. 同济精神

最早对同济的印象就是"同舟共济",在很小的时候不知道它的来源,一听同济大学,第一反应就是同舟共济,那时候就想着这种精神和力量,可能那个时候就种下朦胧的印象了。

——2010级建筑工程管理专业校友

2. 包容开放的招生方式

当时我最喜欢同济的一个地方就是它非常开放,海纳百川。比如当时有一些学校就告诉我你纸要什么纸,画要怎么画,裱要怎么裱,笔最好用哪几个。但是同济都没有,用你最擅长的方式去画图。我最喜欢的徒手线条啊,淡彩啊,我比较喜欢用草图纸,这个我觉得挺好,那就报同济。他们还劝我再选一个保底,但我觉得他们这些规定没有什么道理,都是强加给你的。而且我虽然本科不在同济但我知道它的门户之见比较小。能用我最擅长的方式去考,最擅长的方式去画图,只要你达到我的要求就行了,所以我就选择了同济。

——2000级建筑历史与理论专业校友

我当时是生物化学得的奖,那么像复旦、上海交大可能要求更严格。当时这几所学校我都有去申请,复旦、上海交大只能读生物、化学相关的专业,我性格比较外向,所以不愿意在实验室待着搞科研。因为高中搞"奥赛"是为了保送,所以综合考虑这几所学校,同济是可以任选择专业嘛,我觉得自由一点,所以就去了同济。

——2004级车辆工程专业校友

我觉得同济还是比较开放的,当年像招生它都不说是照顾本校,考试的时候,我觉得评分也好,都是比较一碗水端平的,比较开放的心态,所以就进入了同济读建筑学的研究生。

——2000级建筑学专业校友

3. 同济的人文关怀

高考前我其实就基本确定会来同济，因为当时浙江省高考前自主招生后需要签确认协议，我签了同济，所以高考前我就知道，除非我考得特别特别差，不然我一定是会来同济的。所以这个问题就变成了当时的我为什么选择签署协议呢。这里面有一个很小但很温馨的故事。当时我参加自主招生的笔试，考试的草稿纸只有一张，我中途要了一张草稿纸但是复查前就写满了，我又想要第二张但又觉得不好意思，当时坐在后面的一个老伯伯（监考老师）主动递给了我一张草稿纸。然后我就被感动了——就是觉得这里的老师很关心学生，会主动为学生提供帮助，我觉得，一所好的大学并非体现在冰冷的排名数字里，而是体现在这些温暖的细节里。所以后来我就毫不犹豫地签下了自主招生协议。

——2010级建筑设施智能技术专业校友

4. 给予学生再次选择机会的转专业政策

我们专业其实很多人都是没有真的很喜欢自己专业的那种，很多人都是调剂进来的。然后转专业那个时候大家也多多少少有些想法，我那个时候想转建筑相关的，同济嘛，很多人都想转建筑相关的。我觉得我建筑可能上不了，因为我有认识的学长在建筑，我觉得人家真的是很优秀，我好像达不到那个程度、达不到那个级别，而且人家高考的时候那个分是可以上清华的，来同济上建筑了。

——2003级应用化学专业校友

我的高考分数报考同济也是最合适的，对于选择机械制造及其自动化专业以及后来大二转专业时选择的车辆工程专业，完全出自于自己的兴趣爱好和对未来职业发展的规划。

——2004级车辆工程专业校友

来同济，我觉得又能转专业，又能读德国强化班，觉得给学生缓冲的余地还挺大的。

——2005级土木工程专业校友

（六）影响校友进入同济的中间人

在过去，信息的获取不够便捷，很多校友通常是因为中间人的介绍才与同济结缘，有些是高中老师或者亲朋好友的推荐，有些通过一张宣传海报认识同济，还有些是源于家族中的同济情结。

1. 组织安排

其实我们这代人当时选学校和专业都不是我们自己选的，因为我是恢复高考第一年考大学，1977年。

——1977级城市道路与桥梁专业校友

那时候部队保送的,我们那个年代是属于保送年代。那时候毛主席号召从部队到大学学习,我们在部队当时就是提拔干部的苗子,我那时候在给参谋长当秘书,认为同济也不错,所以选拔上了。

——1974级工业电气自动化专业校友

2. 父母建议

我父母那个年代对同济的感情都是比较深的,他们都认为"北清华南同济"嘛,觉得同济的教学和历史都是在国内属于特别上流的水平,所以就希望我在同济这儿学习,有好一点儿的发展。

——2004级市政专业校友

3. 老师建议

我们那时候读书,高中的时候,报考哪所大学是老师分配的。每个学校都必须有一个人。比如复旦要有,上海交大要有,同济要有。我们学校那时候是不允许扎堆报的。比如有四个同学要报同济,老师就会劝这四个同学分散开,上海交大考一个,复旦考一个,华师大考一个,中国纺织大学就是现在的东华大学考一个。

——1983级道路与交通工程系校友

4. 熟人推荐

高中的时候哪里知道啊,学校给了一个推荐表,推荐表上第一次看到了同济,这个学校在哪我都不知道。我有个叔叔,在区建设局工作,我就问他,他手下有一些硕士生,他讲同济的建筑、土木都很好,结果我就接受了这个推荐,第一志愿报了同济。

——1990级水文地质与工程地质专业校友

当时我的成绩算是比较不错,我父辈的一个朋友是同济大学毕业的,他介绍我们说同济有德国背景,之后可能会有机会到德国交流或者出国留学,所以就选择报考同济大学。

——1985级工业与民用建筑工程专业校友

考大学的时候,我听到一个来自家乡同济大学毕业的学长对母校的极高评价,同时我也想离开家乡到大城市感受一下,觉得土木工程是同济大学的名牌专业,有利于将来在建筑行业就业。

——1998级土木工程专业校友

5. 家族中有同济人

选择同济跟家里人的影响比较大,我爷爷以前在同济待过两年,然后我爸当时也是非常想去同济学习,但是高考发挥失常后去了南京的一所学校学工民建专业。我应该是从小耳濡目染，觉得同济是一所特别好的大学，特别憧憬，所以高考的时候就报考了同济。

——2011级给水排水工程专业校友

因为我舅舅是同济毕业的，原来是道桥系，当时还是很有名的，他认为同济是学工程比较好的学校。就是因为我家里面有人在同济，所以选择同济。

——1978级城市规划专业校友

(七) 报考同济的其他影响因素

除了以上一些主流的因素，还有很多个体化的因素。各种因素体现在不同的校友身上，使校友们报考同济的原因变得更多样。

1. 高分考生的求稳心态

当时上海工科院校最好的就是上海交大和同济，那时候遵从家里的意愿报考上海的院校，但是我自己不是很喜欢上海。我们是先报志愿后考试，如果第一志愿未录取就是非重点了，所以为了稳妥不敢冒险，就选择了同济大学。

——2003级机械自动化专业校友

其实我当时在高三的时候还拿了一个北京外国语大学阿拉伯语系的提前录取，我去考了一下，但是后来爸妈也不想我离开上海。不过考完了以后说实话也玩了几个月，所以那个时候再去拼顶级的学校或者出国已经不现实了，就是稍微权衡了一下，相对来说同济的收分在第一梯队的大学里面还算比较好，我那个时候还算能进得了，所以我就填了同济，专业是调剂的。

——2004级地球信息与科学技术(地球物理系)校友

2. 偶然的契机

当时是阴差阳错吧。我们高考之前班主任就说了，你考合工大(合肥工业大学)绝对没问题的。我们那年是七九年，考完以后再填志愿，填的时候我第一志愿就填的合工大。后来班主任说，你合工大可能填得低了，改吧，又改了同济。

——1979级给水排水专业校友

当时是这样，一个偶然的机会我参加了"全国地学夏令营"，地质学会的一个夏令营，正好碰到陈从周老先生。那时候我不认识他，他搞岱庙规划，带着一帮学生搞规划，当时我们参观岱庙，带队的专家就介绍这是同济大学著名的教授，在搞岱庙规划、复原，因为有很多都破坏了，他进行复原、勘察、设计。我那时候知道了同济，所以就报名到同济来了。

——1983级数学系校友

二、在同济的专业学习

同济校友们如今在各行各业的杰出表现,必然与他们在大学时期打下的基础密不可分。报告对于"选择专业"这一问题的回答做了词频分析,排除"专业"等高频词汇,校友提及较多的有"志愿"(126)、"上海"(94)、"时间"(74)、"同学"(66)、"老师"(50)等。在同济的学习过程中,有良师指引,也被严谨求实的校风熏染,校友们养成了强大的学习能力和严谨的科研思维,更收获了过硬的专业技能知识,这为他们日后的发展打下了坚实的基础。

(一) 良师指引

当问及"在同济期间对您影响最大、印象最深的老师是哪一位"时,校友们为我们讲述了一位又一位同济老师的故事:他们为人正直善良、他们专业水平一流、他们讲课风趣幽默深入浅出。这些老师不仅是校友们专业学习的引路人,更以高尚的师德师行潜移默化地感染着每一位同济学子。

1. 师德高尚

> 我们班主任叫崔开蓝,是个女老师,她已经去世五年了。她当时对我们整个班级的学生都非常好,就像对待自己的孩子一样,我们班的学生对崔老师的感情都非常深。在她生病期间和去世之前,我们不管到哪里去对崔老师都非常尊重,而且日后当我们走出校门之后,在社会上做事情都有很大的影响。我们刚去上学的时候,系鞋带她都教我们怎么系,我们学生不管是谁随时都可以去她家里吃饭。我第一次吃花生酱就是在她家里吃的。然后她还说她的工资就在家里面放着谁都可以用,当然了我们学生没有人会去用。但是老师她就是这种态度。还有就是她能拿出很多的时间经常到我们寝室里去,我不知道现在的老师能不能做得到。我去年十二月份在学校座谈的时候我也举了崔老师的例子。我说学校能不能有这么一个机制,对这方面做得好的老师给予表彰,就像原来树立榜样,向谁学习,但我们不能那么搞,如果那样搞的话就变味了。就是要以一种比较合适的方式进行推广,我觉得这样比较好。崔老师去世之后,我们班的同学以崔老师的名义成立了一个"崔开蓝奖学金"专门为我们机械学院资助一部分学生。太大的事没有,都是一些小事,就是这些小事日后影响到了我。
>
> ——1985级机械制造工艺设备及自动化专业校友

第一个想到的当然是我的导师,常青教授,也是中国科学院的院士。我觉得他是一位真正的学者,从专业上他能够高屋建瓴,我到现在印象非常深刻的是无论在哪一个领域我们读过的书他几乎都懂,甚至是远远超出我们建筑学本身的,比如说像可能社会学专业的一些书也会读。我自己的论文写的是权力关系与城市空间,也是从人类学的视点看这个问题。这个中间有太多跨学科的知识,真正的学者和大家确实能够在这个学科的各个方面,甚至很多学科以外的领域里面给到你很多指导和帮助。对于一个学生来说离开学校以后真正印象深刻的就是那些愿意把时间和精力倾注在教学上的老师。

常老师把教学视为最重要的一件事情。

——2001级建筑学专业校友

还有一位是当时声学所的王季卿老师,王老师是同济声学所的鼻祖,是整个声学所的创始人,重要的奠基人。王老师退休了以后我们的建筑声学这门课没有特别合适的老师来上,中间可能有一些断层。王老师当时已经定居在美国了,他就这样定期往返美国和中国来给我们上课。一个老师愿意付出,无论是时间上还是金钱上,那个时候他的岁数也很大了,但是为了这个学科,为了学生的培养他能够完全不顾一切,这个中间非常重要的就是使命感。在这个课程上面我觉得学生学到的不只是知识的传承,还有一种力量的传承,所以我对王老师印象也是很深的,尽管是一个很窄的领域里面的一件事情。

——2001级建筑学专业校友

2016年8月份我们到学校来毕业三十年聚会。我们那时候有个辅导员,他管几个班,同济叫指导员,毕业后就没见过,因为他也就是比我们大几岁。这一次聚会我们邀请到了一些专业老师,包括这个指导员,也包括当年的常务副校长李永盛一起座谈。指导员当时给我们送了一个礼物,我们都很惊讶,就是我们入学的第一个元旦搞的一个活动拍的一些黑白照片,那个时候拍了黑白照片是要花钱冲洗出来的,说明他保存了,而且他也没有给我们,这个时候他把它拿出来做了个PPT给我们放出来。

——1982级地下建筑工程专业校友

我自己的博士论文,当我认为比较完美可以去交的时候,导师这时候非常地严肃严格,当我认为那只是小问题的时候,经老师批评、点拨、指导,发现那可是大问题。当我觉得这一部分可以了,就这样吧,为了毕业,存在这样一个遗憾也先这样走吧的时候,导师很严格,宁愿让你再用三个月、半年的时间完善。可能当时我反应很激烈,但是随后去想的时候感觉到还是老师说得对。

——2010级建筑工程管理专业校友

2. 专业造诣高

我印象最深的就是钢筋混凝土结构这门课,是最难的一门课。这门课很枯燥而且太抽象化了,不是像我们想的1+1=2,没那么简单。这门课编书的作者是蒋大华,这个老师是圣约翰大学(毕业)的,他的这门课讲得非常好,他讲课我们不用看书,听他讲课就能懂,考试也不用复习,他就有这个水平。而且这个教授讲课很有规矩,也代表了同济大学教授真正的形象。你想那个时候的粉笔,上完一堂课如果不注意肯定满身都是粉笔灰,但是他没有的,他穿一身笔挺的西装来上课,干干净净,踩着时间点进来,踩着时间点下课,从来不拖课,所以我对他印象是最深的,蒋老师,蒋教授。教室里四块黑板,45分钟的课,讲完课四块黑板写完,不重复,也不擦黑板,就这个水平。

——1978级工业与民用建筑专业校友

当时我选了一个管理的课,在北楼那个大的阶梯教室。给我上课的那个老师就是教管理的,而且他是我们国家创建管理工程的,水平很高,他是经济与管理学院丁士昭教授。当时我们国家国务院授予第一批工程师,他就是培训班的老师,出题也是他出题,他是最早搞这个工程项目的,很有名。正好他是南京地铁一号线筹建整个线路的工程项目管理,以这个为背景准备了一门课,讲得很生动。这个老师还在同济的,在经济与管理学院,很有名,在整个工程管理界都很有名。他是最早的,我们都说他是"鼻祖",口才很好,案例也很多,讲得很好。我觉得这个老师给我的印象很深,就是当时同济的这种教学我觉得很好,他用一个案例正好是我们南京地铁,当时正要建,我觉得在2000年的时候用这个案例,同济是真的很厉害,他不是照着课本,是通过这个案例把理论融入进去。

——2000级岩土工程专业校友

说到排水系统,当时整个中国还没有普及"海绵城市"这个提法,张教授就是一直在给我们讲这个,他说:"现在我们(国家)没有这个财力,但是以后一定用得到的。三十年、二十年你们一定会用得到的。"我觉得中国的发展要比老师预想的实际还要早。这种预见性,这种深度的学习就为我们以后实际的工作打下了牢固的基础。如果老师不是这样反复不断地强调,那么我们也就不会认真去学,那么真是等到用的时候,你说要是等上二三十年以后再去学估计就什么也得不到了。

——1993级给排水专业校友

3. 教学方法好

我有一位印象特别深刻的老师,叫朱家伟,如果算他年龄的话,他有可能快八十了。他当时是机械系的一个老师,他教我们机械设计,我们应该是大二时候学的,他教了我们两个学期。他给我留下了特别深刻的印象,是因为所有的人都觉得机械本身很枯燥、很单调,然后讲起来很死板,因为都是死的东西,很难讲得活灵活现。但是就是朱家伟老师他恰是能把这些东西讲得让你觉得特别美,他上课会让你觉得机械设计有特别灵动的东西在里面,然后有特别特别有美感的东西在里面,让我们觉得有很多空间可以去发挥。我觉得能把一门机械设计课讲成那样,真的是挺难得的。

——1990级汽车设计与制造专业校友

土木学院的,比较深刻的,就是结构力学,是一个叫朱慈勉的老爷爷。他现在应该也退休了,他上课是用八国语言来回讲,他画的一些,在外行,包括我们内行的人看来都很复杂的内力图啊,他是用音乐的形式,感觉他就是画着五线谱把这个给讲了。他的教学形式,虽然他口头上讲可能就是你们这帮人怎么什么都不会啊,但是讲课倒是挺风趣的。

——2008级土木工程专业校友

线性代数老师,他很神奇,为什么呢?他的知识比较渊博,讲课的时候能给我们展开,比方说他讲一个线性代数最简单的求解线性方程的高斯消去法的时候,就给我们讲了大概十分钟的关于高斯的故事,特别有意思,到现在都记得他讲的关于高斯的典故,就是说他有一种吸引你上课的独特的魅力,这种魅力不仅仅是在专业知识上。

——1996级地质学专业校友

当时我们上课的时候外面下起雨来,张老师就问同学们有没有把自行车座用塑料袋包起来,他说因为这是场初雨,空气中的二氧化碳、二氧化硫遇到雨水就会起化学反应,就会落下我们说的"酸雨",会有一定的腐蚀性。因为当时我们学的就是城市的给排水专业嘛,所以联系起来就感觉很幽默,印象就非常深刻。

——1993级给排水专业校友

最大的收获就是老师的讲义。我们是注册岩土的,我是珠海第二个一次性通过的,第一个通过的也是我们师兄,他不用考基础课,他直接考专业课,我一年考基础、一年考专业。他们奇怪,你忙得不可开交,怎么还学得这么好。我说那个卷子我拿起来一看,这不就是我们老师讲的嘛,老师的讲义都说过了,对我们来讲,有点顺理成章、水到渠成的意思,包括注册建造,别人看来我们不怕考试的,我说关键是老师。

——1990级水文地质与工程地质专业校友

有一个老师印象最深的,蔡仲德老师,他当时是党委副书记。我们学马克思主义哲学的时候,好多人都不愿意听,上课交头接耳,上大课,几个专业在一块,后来上不下去了,他亲自来讲,讲得比较好,生动。

——1979级给水排水专业校友

人文学院的杨冬青老师,我读书的时候他就已经七十多岁了。他《红楼梦》讲得特别好。我觉得他提供了一条路径吧,另一个是思考的方法。他鼓励你,在不设任何答案的情况下,鼓励你去开发去思考,把《论语》全部都打通,让你自己去找一些观点,我觉得很好,所以我选了他两个学期的课。

——1983级计算机专业校友

(二) 学习能力的形成

大学不仅是一个积累知识的地方,也是一个帮助人成长的地方,许多校友都提到自己在大学时形成了良好的学习能力,不仅学会了自学,而且掌握了有效的学习方法。这些能力都是在潜移默化中形成的,除了自己的努力,也受益于周围的老师和同学。

"大学最重要的是学会自学。"我至今记得,受益匪浅。

——2005级车辆工程专业校友

老师给你讲了一堂课,你就觉得那个书你一直在翻翻翻,后来就不知道老师讲到哪里了。等他下一次课的时候,就是一周之后了,老师又讲下面五十页去了。所以晚上在自习室自习的时候,我就仔细翻仔细想老师今天讲了哪些内容,我很吃惊地发现,几十页都讲完了,所以后面很多内容都得靠你自己去学习,老师不可能给你讲得那么细。这个反正好的一面就是逼着你必须去自学,好多东西你得自己去研究,去把它搞明白。

——1990级汽车设计与制造专业校友

当年给我印象最深的是一个姓潘的老师给我传输的一个观念,对我后面工作来说也是很管用的。这个老师可能偏向于实践,他说的一句话很好,教科书上的东西大部分内容都是引导性的,真正说你要把所有东西都学下来,你也是学不下来的,那么谈一个方法,他的原话:"作为我的学生,将来在社会上不管遇到任何的课题、问题,你到图书馆能找到解决相应问题的资料,你就是我的学生。那么我要教你的就是方法,而不是真正灌输知识。"这个我印象很深。可能有的老师不一定会这样总结,但同济整个的学习氛围,我觉得这方面的倾向还是比较重。

——1982级地下建筑工程专业校友

首先我觉得就是学习方法上,培养了一种学习能力,新东西、新事物很容易能够自己把它完成。我打的基础最好的或者从大学到现在最受益的就是基础课,就是咱们的高等数学、线性代数,还有物理课程,因为我一直在做工科的事情,这些对工作以及科研很有帮助,它使思路特别清晰,让我在做科研的时候一下就考虑到问题的根本上去了,比如说数学问题是什么、物理问题是什么……学习方法从高中开始就一直在摸索,但要说独立起来的话还是从大学开始的,因为老师们上课一般都是讲自己的课堂内容,当然也有老师会传输一些自己的方法。比方说班主任就会说他的处理问题的方法和学习的方式。老师们好像影响没有周围的人大,所谓周围的人就是学长。因为我们那个时候分宿舍的话一个楼住了不同专业、不同年纪的同学,比方说我们对面住的是机械系的,不远处是汽车系的,他们都是高年级的,可能看他们都平时做些什么吧。印象比较深的就是,一个宿舍是七个人,不同的地方来的嘛,好像七个省份都有了,时不时就有不同省份的老乡来串门,比方说今天来个山东的,他就会跟他的老乡说一说怎么样学习啊,就属于一种学长跟学弟之间传输学习方式,慢慢地就学会了,这样的影响我觉得还挺大的。

——1996级地质学专业校友

最大的收获就是除了考试学习之外整体上综合的能力提高了。因为那个时候我有很多的时间都放在了图书馆,在图书馆看一些和本专业没有什么关系的书,包括一些人物传记,包括一些历史类题材的,还有一些社会科学题材的这些书。那个时候应该说在人际交往方面有了很大的变化。因为我中学的时候主要精力都放在了学习上,日常生活中其他的事知道得非常少。

——1984级机械制造工艺设备及自动化专业校友

(三)扎实的专业训练

对于专业知识的学习,有校友谈到同济的课程不仅数量多而且门类齐全,在校期间学习到了丰富而广泛的专业知识,也感受到了紧张而充满竞争压力的专业学习氛围。

我非常感激,真的是林林总总的东西学了一堆,我来说一下我学过些什么课:地球古生物学、海洋学、地貌与地质自然环境学、生态学、地球物理学、地质学,然后还有遥感与地理信息系统、全球卫星定位、三维全市可视化,还有数据库理论、数据结构、数值分析,高等数学当然不用说了,你能想到的数学基本上除了组合数学、离散数学没有学,但我自己去看了,基本上全都给夯了一遍。就是物理也学了一点,量子没有去学以外,我们那个电法磁法勘探基本上理论上全都过了一遍,基本上你拿一个理工科的东西过来,除了特别理论化的特别专业的,比如说机械类的我不懂,其他的基础科学应用一看基本上全都明白。这个时候在我的专业方面,比如说我们前两天做一个石油案子,沙特那边有个全球很大的石油公司让我们做一个东西的时候,我一看我就知道"啊,这个东西就是这样",但我们两个同事真就看不懂,他如果没有了解过他们那些建模的需求的话,他直接给你一个数据公式说这是我的一个程序,他都不知道这个程序是干嘛的。

——2004 级地球信息与科学技术专业校友

感受比较深的就是回来以后我们和江西工学院的工民建的同事一交流我就发现我们同济的教学和地方上普通院校的教学是天壤之别,我们的思维和他们的想法完全是两回事,可以说我们出来可以直接干活,他们出来不一定。就光讲功课吧,我印象中,我四年在同济读了按门数算,包括政治、体育这些一共 48 门课,同一届的江西工学院的工民建 30 门都没到,那他们怎么跟我们比,没法比。

——1978 级工业与民用建筑专业校友

我现在是外科大夫,但是说实话那些内科基础病的治疗,当然我可能不具体接触,可能忘了,但是它的治疗原则或者是一些基本功,我很扎实。我虽然不搞那个了,我只搞骨科我不搞其他外科,但是其他的,你问我,我八九不离十,我能跟你说出个道道来。所以那个时候完全归结于考研这段经历,因为那时候真的是内外科那两本那么厚的书,我翻来覆去看了不少于 20 遍,到最后,基本就是把那个书摆在那,我翻一页,就知道这本书在说什么东西,这一页在说什么东西,知识点我都知道,达到这种境界。

——2000 级临床医学专业校友

单位去我们学校招聘也说了,同济的本科生跟其他学校的研究生是同等待遇的。进我们省设计院其他学校要研究生才能进,同济本科就可以,而且还免试什么的,当时这个地位挺高的。

——1995 级测量工程专业校友

(四)科研思维训练

一些曾经在同济大学攻读过硕士或博士学位的校友认为学校对于科研思维和科学素养的训练非常重视。

我觉得最大的收获就是,把我整个的科研思维都锻炼出来了。我觉得读研读博都不是只为了写一篇文章或者拿一个毕业证,而是对你思维的训练,对你能力的拓展。以前我读研究生的时候没有这么深刻的体会，但是我读博士的时候，真的是切身体会到了思维的不一样。很多人肤浅地认为，本科可能1000多块工资，研究生多一点，博士的话又有着更高的物质上的期待。但其实不是这样的，如果是自己能力提升了以后，社会会对你有一个较为公平的反馈。

——2005级地下系校友

我觉得上了研究生以后，对自己的收获以及工作方面的影响关键在于自己在科研方面这种研究的方法和思路，可以说思路那是最大的收获。

——1986级地震地质学专业校友

（五）严谨求实精神的熏陶

"严谨、求实、团结、创新"是同济大学的校训，一代代同济人把这几个字融入自己的血液，已经成为同济学子的标志。大部分校友都提到自己受到了严谨求实精神的熏陶，并且这种精神将成为他们的精神指引，伴随一生。

我觉得同济这一点有点像德国人，毕竟有渊源，有德国人的痕迹在里面，哈哈。因为德国本身就是属于特别严谨的民族，他们干事特别认真，所以你就觉得它的产品的质量特别可靠，大家一提起来就有这种印象。同济的话我觉得也有这种印象，因为同济的学生专业方面还是比较强的，做事特别严谨、特别踏实，包括后来我们的同学毕业后在各个岗位上，大家对他们的评价，我感觉至少我在这个岗位上也是得到了这种评价，就是属于专业特别强的，我虽然后来是做法律，但是我在法律这个行当里面也是属于严谨的一个。

——1990级汽车设计与制造专业校友

三个严吧。第一个是严谨，严谨是一种工作态度；第二个严肃，严肃并不是说不生动不活泼，而是说治学态度；第三个严格，严格要求。就是这三个层面。做人来说应该是很严谨，做学问非常严肃，对具体的工作要求可能是很严格的……最大的收获呢，因为不是去读本科，读博的话与我们原来的学校相比，确确实实有很浓厚的学术氛围，也是很自由的学术氛围，事实上它更加注重对个性、个体、主动性、积极性的这种激发。另外就是在同济学习期间更加见证了那个年代老一辈严谨、求实、团结、创新的精神，非常严谨，同学和导师都很严谨，严谨可能对一个人一生的工作从态度到发展过程都有一个非常重要的影响。

——2010级建筑工程管理专业校友

土木的老师确实对我们严格训练，别的专业我就不知道了。我们土木老师严厉，同学努力，我们做事都比较严谨，别人叫我做的事情，我都想方设法地去完成，而且做事情质量也比较好。这确实是同济带给我的治学态度，或者说是做事的态度吧。

——1988级工业与民用建筑专业校友

我觉得最大的收获，就是务实的精神，这是同济教给我的，让我终身受益。这让我非常有认同感。在我们行业,有很多同济人,也有很多别的学校的同事。但是一起共事的时候,你就会发现,同济人一个最明显的特点就是务实,他可能不会刻意地去说,但是他做事就是不一样的,做得让人很放心,做得很好。我觉得,同济带给我们的专业的教育这是肯定的,但是更多的是那种务实的精神和态度,更加是伴随一生的。

——2001级交通工程专业校友

收获就是到目前为止我办企业的过程当中还是对一件事情的执着。在同济里面学习使我们提了一个非常高的高度。每位同学、每位老师大家对学习这件事情还是很认真的,而且那时候条件也比较艰苦,但是每个人都非常努力。所以说这对后来我不管是在外资企业还是在自己创业当中,都是一件终生受益的事情——坚持。

——1983级道路与交通工程系校友

三、在同济的课余生活

学习之余,校友们在同济的课余生活也可谓丰富多彩。不同年代的同济人有不同的娱乐方式,例如在网络和社交媒体不发达的年代,校友们印象最深刻的课余活动就是交谊舞。再如电影院并不普及的年代,校友们看场电影也是一件奢侈的事情,但是同济会定期给同学们播放影片。当然,不同年代的同济人也有相似的课余活动经历,比如在上海的街道漫步,去上海其他高校与中学时代的旧友相聚,去周边城市旅行,加入种类繁多的社团,参加爱心志愿活动或者其他不定期的文化活动等。

报告对"课余时间"这一问题的校友回答做了词频分析,排除"时间"等高频词,校友们主要提到了"社团"(145)、"社会"(130)、"培养"(77)、"实践"(75)等词汇,基于此,报告从时间和空间两条线索,针对校友们的在校时间以及课余生活类型展开。

(一) 不同年代的课余生活

在网络还不发达的时代,校友们的课余活动更多的是在图书馆看看杂志,去舞场跳跳舞,在大礼堂或者南北楼看场学校放映的电影。如果说这些娱乐方式离如今的在校学生较远的话,那么参加各种体育活动,几个好友相约去上海街头、去其他大学、去周边城市走一走、看一看,或者寝室卧谈,则是每个时代同济人都有的大学记忆。

> 我们那时候舞会特别盛行,我还特别吃惊,怎么突然之间就没有舞会了,我以为大学一直都有舞会。那时候周末的时候是必须有的,有时候中间也会加一次,过节的时候肯定都有,而且是每个大学都有,有时候会串着去别的大学跳舞,随便跳。这个舞场对女生往往是免费的,因为女生少,男生可能收一点门票,门票价格特别低,有时候可能是五毛钱、两毛钱这样子。到了周末这也算社交的一个手段,大家都进舞场里面,人特别多,原来那个溜冰场白天是溜冰场晚上就是舞场。当时同济我觉得起码也得有四五个舞场。我平时的时候很少去跳舞,因为实在没有时间,周末的时候我们宿舍几个女生就会精心打扮一番约着跳舞去。现在大家可能有微信,联系特别容易,交朋友大家也可以

通过网络什么的，我们那时候没有这种手段，大家全都是要么跳舞啊，要么跟同学一起聚会啊，或者是跟外校的同学一起，要么就是看电影，那时候学校南楼的5楼有一个录像室，那时候我们还放碟片，放磁带录音带那种的……我那个时候是长跑队的，每周至少得训练三次吧，如果你有时间的话他是希望你每天下午都去训练的，但是我一般去不了那么多次，一般每周能去个两到三次。因为定期有训练、定期有比赛，那时候上海市大学生马拉松比赛，同济都是有代表队要参加的。所以那时候我业余时间有相当一部分是在长跑队度过的。

——1990级汽车设计与制造专业校友

当时的课余生活比较简单，前期主要是去图书馆看看杂志，每个礼拜看一场电影，这个就很奢侈的，后来引进了交谊舞，还是比较少的，我们班没有女同学，交谊舞也跳不起来，和外系有一些联欢，但是不多。

——1978级道路工程专业校友

围绕苏杭周边旅游，刚到上海的时候主要是和老乡一起出去玩，后来和同学慢慢熟悉之后，就和同学走得更近。我那个时候没有参加社团，大多数活动都是同学们自发组织的，我们结构学院可能会有一些兴趣小组，比如我们会学交谊舞。我们的时间一部分在课业上，另一部分可能是和同学的娱乐，就像刚刚提到的打扑克。我们那个时候比较流行阅读金庸的小说，我们会互相传阅，也会在熄灯之后在走廊里看。我们活动多是以寝室为单位，一起上课、上自习，之后回到宿舍洗漱完，会开个卧谈会，应该和现在差不多。我们那个时候会谈人生理想也会谈到班里最近发生的新闻趣事，这也是我们同学之间寻找的一些乐趣。

——1982级结构工程专业校友

课余时间一个是交流，和师兄弟群体的交流，这种交流除了聊天讨论问题，还有一些文体活动，比如打羽毛球、乒乓球。再来，业余期间可能跑了上海一些地方，像外滩，主要是看城市建筑，再比如去一些博物馆、老城区，走走看看。

——2010级建筑工程管理专业校友

（二）学生组织和社团活动

同济的学生组织和社团活动丰富多彩，给予了在校学生足够的空间来自由选择和发挥。如今在校学子熟知的各类社团、学生组织正是由一代一代同济人创立、发展和壮大的，这些经历也成为校友们难以忘怀的大学记忆，更给予了校友们锻炼自我能力、发挥自身潜力的平台。

像五月的鲜花，我印象中唯一的一次校庆晚会由社团联来做的，就是那一年的5月31号，是我们新的大礼堂第一次学生活动。社团联有很多现成的资源，第一届社团嘉年华是我们做的，第一届主持人大赛也是我们做的，当时得到老师的支持，一直蛮红火的，感觉参与度也蛮高的，整个百年校庆期间参加了所有的活动，文艺活动就不说了，

"青春万岁"、"五月的鲜花"、龙舟赛,还有一些社团的活动,还有毕业晚会。在这当中,给我感受最深的是温家宝总理来同济,那个72个小时实在是把自己都忙疯了,大概只睡了十几个小时,全身心地扑在上面。比如社团的活动、整个校园文化、学生社团活动的亮点和学生真实的校园活动写照要展示出来,那时候我们分成了三块,一块是学生会的,比如十大歌手,我们主要是社团的展示,还有研会创新项目上的展示,这个作为整个团委的大项目。那个时候温家宝总理要来参观,我们一直在思考如何用最得体的方式展现学生的风貌。我是作为三个学生代表(一个研会的主席、一个学生会的主席、一个社团联的主席),陪同温家宝总理走了整个一段。不是自吹自擂,那个时间段真的蛮激动的,后来有人告诉我,我的照片作为背景之一留在了校史馆。

——2004级市场营销专业校友

我是参加了我们学生部的文艺部,参加了我们学院里面的实践部,最后做实践部的部长。我有做班级的团支书,课余时间我做的事情一个是做社会实践去做调研调查问卷,然后做家教进行社会锻炼;第二个参加我们的班级活动,参加学校和学院的社团活动,参加学生会的活动;第三我喜欢踢足球,进行锻炼。

——1999级工程管理专业校友

同济给我最大的收获是锻炼了我的很多能力,比如我进入昆曲社之后,组织了很多活动,锻炼我的组织能力,也锻炼了我的学习能力,包括写作能力,让我能够全面地接受了很多踏进社会必须学会的东西,我在同济已经学会了。同济对我实践能力的培养是很重要的。

——2003级汉语言文学专业校友

坚持把事情做好的责任心,和人际沟通的能力,毕竟你要和人打交道。别人要相信你,遇到问题你要说服别人,这种能力你在大学阶段参与一些社团组织它都能带给你。我之所以创业成功是因为一种不服输的精神,我在中学和大学阶段做过社团工作。

——1987级建筑学专业校友

我在同济的收获特别大,虽然我读书不好,但是首先在同济让我的爱好都淋漓尽致地发挥出来了,其次我在同济做了那么多的事情,有可能别人在大学待五六年也不会做那么多。大学对每个学生来说都是终生难忘的,因为你把最美好的青春、最有激情的岁月都献给了大学,都是在大学度过的……年轻人是很有潜力的,你只需要提供这样的氛围去引导他,一样可以培育出很优秀的人才,从这个角度讲,我是非常支持学校有更多的社团,更多的平台让学生自由发挥,在这个方面把他们的潜力发挥出来。专业的选择具有偶然性以及一段时间的可能性想象,但是年轻人有无限的潜力……我非常推荐他们参加社团活动,这东西不会耽误学习。我要在学习好的情况下在别的方面也有所建树,比如文体工作、社会实践等等。我鼓励他们去尝试。

——1987级城市燃气专业校友

当时我们的社团还是不少的,武术协会什么的,那时候练武术的多,当时太极拳有吴式、杨式、陈式太极拳班,我还跟他们学查拳,回族人的那个,还有散打班、诗社、交谊舞。

——1979级给水排水专业校友

(三) 志愿爱心活动

提及志愿爱心活动,很多校友最先想起的就是同济的猫,原来同济猫的地位早在多年以前就确立了,每一代同济人中都有善良热心的护猫使者。另外,一些校友也会利用专业所长从事一些力所能及的志愿活动。

我们西北一楼也有很多猫。当时在做这个创新项目的时候,因为是关于门嘛,买了很多木材,最后还剩了很多木料。我就在想要不我们给猫做个猫屋吧。我们本身也是搞土木的,就在CAD上面自己设计一个猫屋呗。然后我们就先在电脑上画好图纸记好尺寸。后来工人来帮我们切门板的时候,就顺便也切了猫屋的材料,我们就做了一个小木屋,放到了西北一楼的门前。当时很出名呢!现在回想起来也是一件特别有意思的事情。两年之后,发现屋顶当时没有设计好,如果时间可以倒流的话,或者说现在我再来做的话,我可能会做得更加好。把每个猫屋都设计好,做十几个,然后分别命名。如果再回到同济,如果时间够的话,我还愿意再去做这件事情。而且我觉得同济的猫特别可爱、特别有灵性。还有一件比较有意思的事情就是这个猫屋上面用法语写了猫屋,还有"严谨求实,团结创新",就是同济的校训嘛。因为我们做了猫屋,"绿协"觉得我们做得非常好,就拍了这个照片把它宣传出去。说到猫,还有一个很有意思的事情。猫在春天的时候,繁殖能力很强的。如果一直这样繁殖下去,猫会越来越多。而且大家也很爱护猫,存活率是很高的,所以后面肯定会有问题。"绿协"和"根与芽"就准备给猫绝育。当时就有一个很有意思的讨论。因为给母猫绝育大概是3 000块,给公猫绝育只要500块。所以你就想,只要把所有的公猫绝育或者所有的母猫绝育就行了是吧。因为母猫绝育是很贵的,公猫绝育相对就很便宜,而且母猫、公猫数量相差不多。假设让公猫绝育,有一个没做好,还是会让所有的母猫怀小猫。但是母猫绝育一个就少一个。所以当时我们就这个问题讨论了很久。后来怎么处理的我已经不记得。只记得这个事情很有意思。后来猫的数量也确实得到了控制,也是为了猫好,我们做了不少事情。

——2008级土木工程专业校友

在课余时间,经常做一些志愿活动,因为我们是环境专业的,就有同学拿空气质量检测仪到上海的各个居民家里去做免费的空气质量检测,然后通过我们专业的相关知识做出这个空气质量报告。

——2011级给水排水工程专业校友

(四) 校园代表性活动

关于课余生活,校友们也是回忆满满,许多校友都提到同济的代表性活动:十大歌手、女生节、樱花节和毕业晚会等。

1. 十大歌手

虽然在本校内只待了两年时间,但参加了十大歌手、爱心社、校庆晚会,也算是为青春洒过了汗,完整了大学生涯。

——2007 级经济与管理学院中法班校友

文艺方面我不是很擅长,会去听十大歌手嘛,就像一个偶像展示的舞台。

——2004 级物理系校友

当时觉得同济的学生工作做得特别好,特别人性化,是非常体贴学生的,而且我也特别特别喜欢同济的十大歌手、毕业晚会,那些晚会都做得特别的好。我觉得我不是特别有 idea 的人,所以我非常赞叹他们能想出那样的点子,包括舞美、服装、节目的水准都是非常高的。每次坐在下面不管是看十大歌手还是毕业晚会,看着看着就会油然生起对同济无限的爱。

——2009 级景观学专业校友

我们有个同门还是某一年的十大歌手,印象还是比较深刻的,还有女生节,印象也比较深刻。

——2010 级数学系校友

我们在票务处,那个时候印象比较深的是"十大歌手"这种活动,也不是我们举办,但是我们会负责票子,那个时候"十大歌手"还是一个比较火爆的文艺表演。

——2006 级英语系校友

2. 女生节

我记得当时在樱花大道和篮球场附近会挂很多许愿条,还是挺热闹的,挺不错的,这种活动应该都保持下去。

——2010 级数学系校友

记得当时有女生节,3 月 7 号嘛,我们嘉定也有,当时在嘉定的步行街有那种宣传活动,大家就是去看一看,玩一玩,猜灯谜,去围观过。

——2008 级交通运输规划与管理专业校友

3. 樱花节

同济樱花大道很火,每年樱花节的时候都来,但是这是季节性的东西。人家说未名湖冬天会结冰我们可以去滑冰,我们春天会开花,春天会有人来拍照。

——2004 级地球信息与科学技术专业校友

4. 毕业晚会

现在毕业晚会和校庆晚会放在一起,这也是我们当时第一届的一个做法。因为办毕业晚会没有钱，所以我们就和校庆合并，由校庆去化缘，就是这么一个原因，我们那个时候是第一次的毕业晚会，你们现在可以找到当时的影像资料，2004年已经是12年前了。当时在人工草坪，现在用铁丝网围起来的那个地方，以前没有用铁丝网围起来，当时有上万人在现场看露天的大舞台，我们也是第一次引入了现场的电视直播。你们现在看到所有晚会都有视频开场，我们都是第一次，当时还不是那种LED屏，我们当时是用电视墙，就是很古老的那种3×3的那个九块大屏幕拼在一起。

——2001级建筑学专业校友

（五）人文情怀熏陶

同济给予每一代学子的不仅是学习专业知识、技能的平台和资源，同时也很注重学生人文素养的培养，以人为本，全面发展。

我在大学里选修的很多的学科都涉及人文，我觉得人文对一个人价值观塑造有很大的助益，人文的知识构造给我很大的收益，对我有很大的帮助。

——1993级给水排水工程专业校友

你会觉得同济的教育不仅仅是在知识方面，更多的是帮助你进行人生的成长。同济人包括领导、老师和辅导员，以及一些其他的教职工，甚至食堂那些人，对学生的人文关怀都是很大的，不仅是新生，包括毕业生。比如，同济食堂的不断改革，同济伙食管委会不断地为学生着想的那些措施，比如同济校友会的建设。当时土木学院是国家的一个试点学院，我们在的时候，会有对学生的一个不定期的访谈，了解学校的课程设置得怎么样，课程是否需要为我们进行改变。我觉得这些在别的学校都几乎是不敢想象的。我们当时有范立础院士，桥梁的院士，现在可能不在世了。当时是范爷爷嘛，没事上课的时候也和我们一起，让我们觉得院士是在我们身边的，不像有些学校，院士只能在照片里看到。

——2008级土木工程专业校友

我们学校的校风特别好，讲座特别多，我记得也是因为我在学生会有这个工作的关系，我们非常艰难地能搞到美术史、音乐史这些连续的讲座。当时主讲人都是在上海（比较知名的人），比如上海音乐学院的老教授、美院的老师。我们那个时候正好也是一个思想比较开放的时候，我们在学校的大礼堂听过讲座。他们当时讲的有一些是对历史的批判，有一些是对未来的期望，所有的这些就当时来讲各方面的声音我们都能听到，这也归功于学生会和学校领导，可以请不同的声音来，使我们都能听到。当时音乐讲座特别多，我们在校生都想搞到一张文远楼的票，当时文远楼的阶梯教室搞这些活动比较多一点，大概是因为建筑系的学生联络的，挤进去很不容易，甚至门外边挤得都是人，非常火爆，(大家)搞不到票嘛。我们从那个时候吸取了好多有益的东西，包括后来我们到了工作岗位上以后，大家都反映这同济毕业的学生，不光专业好，其他方面也蛮不错的……同济有一本小册子叫做《同济歌声》。刻在蜡纸上用滚子滚的那种，就像我们过去看敌特片，解放前宣传品那样印刷的。而且当时一本还是要卖钱的，因为它有成本嘛,但是我忘记是五分钱还是几分钱了。印刷量总是不够,它都是最前沿的,就像现在的流行歌曲一样,而且都是经过筛选的好听的歌曲,包括现在还有影响的校园歌曲,那个时候台湾的校园歌曲刚刚进入中国,我们恰逢那个年代。那个小册子起了很大的作用,谁能拿上一本小册子很荣耀,那里的很多曲谱都是简谱,都是他们戴着耳机一边听,一边自己记录下来的,有的地方可能还有出入。但是尽管是那样,我们那个小册子一直都在发行。

——1982级岩土工程专业校友

同济的好的活动,比如音乐会这一类,这是作为一个大学的校园文化不可或缺的,我以前也听过国外大师的演奏会,国内二胡大师的独奏会等。都是国内外一流的、高水平的艺术家,来给学生做一些表演和交流,有助于他们审美和品位的提高,大学就是一种文化的投胎、文化的再造,可能每个人来自不同的地区和不同的文化,但是在学校就有机会接触到最顶尖的文化。

——1987级建筑学专业校友

四、在同济的收获

针对"学习收获"这一问题,校友们提到较多的是"老师"(315)、"学校"(273)、"专业"(267)、"大学"(258)、"同学"(203)、"过程"(174)等。在资源丰富的上海和同济校园,校友们得到很多收获,不仅学会了独立、开拓了眼界,从专业内外全面提升了自我,更收获了大学时代珍贵而历久弥新的朋友情谊。

(一)独立生活,适应上海

同济对每一位校友来说都是人生的一个新起点,尤其是对于许多高中毕业来到同济的校友,离开家乡和父母,开始独立生活将是他们面临的第一个考验,加之初到一个新城市——上海,必然会经历一个适应过程,这往往成为了校友们在同济收获的第一笔财富。

来到大学,你就得自己独立生活,你要面对的就是自己去跟同寝室的同学共同生活,一起去协调,去处理问题,去交友,去合作。还有就是参加学生会、社团联的活动,去接触各种各样的人。我觉得大学最重要的就是,四年,一辈子有几个四年啊,花二十分之一的时间让你认清,什么事情是有意义的,什么事情是没有意义的。

——2005级土木工程专业校友

从家到大城市,一个是独立生活的能力,和他人共处的能力,一个寝室里很多其他同学一起生活一起住。上大学与中学区别很大,要求自我管理,再一个可能也是得益于上海大城市,给人的眼界和心胸影响都是很大的,眼界和经历不一样就会促使你想的东西不一样,尤其是我们小地方出去到大城市、大学校里面。

——1987级工程力学专业校友

因为大一进入上海这个大城市其实有一种农村女孩进城的感觉。很多方面都技不如人,比如外语。我以前也没有吃过沙拉、海鲜,什么西餐都没有吃过,在上海这个城市在同济得到了第一次尝试。

——2004级国际政治专业校友

(二)开阔眼界

大学所培养的人才应该具备全面的素质以及开阔的眼界,同济大学地处上海这一国际化的城市,为校友提供的这一便利使他们的眼界得到开拓,尤其是一些来自中小城市或农村地区的校友,认为同济为他们打开了一个全新的世界。

最大的收获,就是以前是井底之蛙,从小城市过去的,后来发现中国很大,五湖四海的同学,聪明人真多,我还需要好好努力。见到很多真的有天赋的人。另外,同学间的友谊也是很大的收获。大家都成绩很好,很优秀,互相较着劲,互相良性竞争,大家都学到了很多。很多年后,我明白我们大家都是普通人,但是在同济的那段时间,我们大家都积极努力,想让自己不那么普通,就高了一个层次。

——1992级工业与民用建筑专业校友

我觉得最大的收获不是从书本上得到的,而是从校园的活动和同学那得来的,这些人文的方面,包括上海这座城市带给我的一些东西,让那个时候的我突然之间眼界打开了,以后在图书馆看的课外书很多,我觉得收获很大。我突然之间感觉进入了一个知识的海洋,一下子接受了很多很多东西,我觉得这是大学对我来说最重要的一个地方……同济的图书馆藏书非常多,社团活动也非常多,各种跨系、跨学科的讲座,包括一些知名的学者来讲课。西方哲学那时候刚进入中国,图书馆里那些东西也很多,看的就是耳目一新,思考了很多东西,这些都很有意义。

——1983级工程机械专业校友

大学本身是人生要经历的一个阶段,特别到了上海这种大都市,后面想想还是有一定的影响。我现在也跟学生,包括新来的员工讲,北上广深这样的大城市的学校,不仅仅是大学,城市本身有一种文化。你在大的城市中待过,会不知不觉有一种熏陶,思路、视野会不知不觉地被它改变。这个对你以后的工作、个人的发展,可能会有你自己都感觉不到的好处。同济本身就在上海这样的一个国际大都市,你平常不可能天天都在围墙内,听到的一些新闻,都会不知不觉地对你产生影响。

——1989级供热通风与空调工程专业校友

(三)同学情谊

学生时代,对个人影响最直接的莫过于朝夕相处的同学,大部分校友如今仍然与读书时的同学有联系,有校友把这种同学情谊称为"学缘",即"因为学习的这个过程而结识的缘分"。

收获会有几件事情吧,那些校友、自己的同学肯定是你最重要的一个收获。我觉得大学除了知识的学习以外最重要的就是我们今天上午提到的"学缘",因为学习的这个过程而结识了这样一个缘分。大家的专业大不相同,但都踌躇满志,可以互相学习、互相交流,我觉得学校之间最大的不同是你跟什么样的一群人一起学习。

——2001级建筑学专业校友

他(同学)对学业追求全身心投入的程度,可以说接近疯狂,他身上就体现出了优秀也是一种习惯。这一点上虽然他比我年轻很多,但是通过他我反思自己,还是学到了不少。

——2010级建筑工程管理专业校友

因为在同济,我们教研室里氛围好,人情味更浓。所以那时在教研室里面大家的关系就会特别好,博士啊、硕士啊,大家没有什么隔阂的,都像是朋友,年纪大的就是大哥大姐,小的就是小弟小妹,亲如一家的那种感觉,收获了浓浓的情谊。

——2006级地质工程专业校友

我觉得同济好的方面就是它是理工科嘛,大家还是相对比较单纯,同学之间的情谊是非常深的,我们当时一个班的人真是关系非常好。当时好像班级和社团,就是我在的那个化学班和我在的职协都是拿过上海十佳班级、上海十佳社团、明星社团之类的荣誉,大家的配合度和互相之间那种照顾的情谊都很真切。

——2003级应用化学专业校友

我们班是属于特别和谐的一个班,就是男生和男生,女生和女生之间的关系特别融洽,所以相对来说我们班凝聚力特别强。我们班成绩又是属于整个机械系最好的,大家竞争其实也挺激烈的,因为成绩都特别好。原来大家混在一起的,在每个小班都是属于能够拿到奖学金的学生,但进了汽车班之后大家的竞争特别激烈,原本能拿到(奖学金)的也拿不到了。但是这个一点都没有影响我们同学之间的关系,所以我们班毕业之后到现在搞活动都特别容易就搞起来了,有点什么事都一下子完成了,做得特别好。所以我们班每个同学的关系都特别好,每个同学都特别有特色,所以你要说印象深刻,我对我们班每个同学都印象特别深刻。

——1990级汽车设计与制造专业校友

五、校园遗憾

尽管校友们在同济留下了难忘的青春岁月,但遗憾也会有的,正如一位校友所言,"遗憾呢,肯定还是有很多的,什么叫青春呢?青春就是用来挥霍的时间啊,肯定有些事情是你想做又没有做的"。

报告对"学习遗憾"这一问题的回答做高频词汇抽取,排除"遗憾"等默认的高频词汇,发现校友们提及的方面主要为"学习"(419)、"老师"(361)、"学校"(342)、"专业"(340)、"时间"

(258)等。校友对在校园学习生活中的遗憾可以归为几个方面：没有珍惜学习时光；没有学到心仪的专业；没有继续深造；没有学习到人文社科方面的知识；从事的职业与专业没有匹配；没有谈恋爱。

（一）没有把握好学习时光

在谈到校园时代的遗憾时，校友们讲到最多的就是没有把握好学习时光，如果重新来过，希望可以珍惜时间，多做些更有意义的事。

> 最大的遗憾就是感觉没有把四年的好时光利用好，有一年半的时间浪费在打网游上，虽然打游戏也会有所助益，但是大一、大二没有认真利用大学好的资源和条件，把知识学习好，大三、大四认真学习但是大四课程已经很少了，真正学习的好时间是在大一、大二。所以比较大的遗憾就是没有认真学习，泡图书馆的时间比较少。
> ——2003级机械设计制造及自动化专业校友

> 遗憾的就是还应该多学点东西。当时我们是五年制，学德语。我毕业之后做了几年德语翻译，做德语翻译在用的时候就感觉当时学的知识不够，如果当时学得再深一点的话，那毕业之后用起来就会得心应手一些。
> ——1985级机械制造工艺设备及自动化专业校友

（二）没有选择心仪的专业

也有部分校友因为没能学到自己心仪的专业而遗憾，一些是因为高考报志愿时的失误，一些则是后悔于本科没有及时转专业。

> 要说遗憾吧，我觉得就是没学到建筑学和园林，总觉得好像挺遗憾的。
> ——1983级工程机械专业校友

> 那个建筑系的老师还说："你们为什么不学建筑呢？非要学（地下）？"其实我们都有同感，我们可能是当时因为名额分配，就分配到这个专业了，其实，我了解到基本爱好美术的都是奔着建筑学去的，或者最差可能是城规什么的。因为是有美术基础的，所以因为有这个原因，我们的板报一直做得很好，我们地下系的板报一直是不错的。
> ——1982级岩土工程专业校友

> 高考志愿这个我其实没有觉得是遗憾，因为我当时在那样一个比较闭塞的环境里面，你把我倒回去我还是会做那样的选择，当时那个情境下的话确实是会选择，自己的自主性也比较差。但后来可以转专业的时候我觉得是我自己的问题，就是我自己不够坚定，包括说去说服家里人，包括考虑多花两年时间去走一个自己比较喜欢的方向，这个我觉得是自己的问题，所以比较遗憾的是没有转专业这个事情。
> ——2003级应用化学专业校友

（三）没有继续深造

一些校友因为自己本科毕业之后没有继续攻读硕士或博士学位而感到遗憾。

> 遗憾就是我没有继续留下来深造，这应该是我最大的遗憾。
>
> ——2003级汉语言文学专业校友

> 如果说小小的遗憾就是没有直接从本科读到硕士、读到博士，这样一路读下来。现在工作之后，发现学术水平是不够的。所以像我们这种很多都是工作之后，感觉不太够了，又去读了一个工程硕士或者什么，那个性质就不一样了。有的可能是为了工作、为了升迁，但是学到的东西就不一样了。我感觉有很多我们学校直接本科、硕士、博士读出来的，他们起点就比我们要高了。虽然说好像他们读博士耽误了几年时间，我们已经在社会上工作，好像赚了几年钱了，但是是不一样的，他们起飞点就不一样，起飞点就比我们靠前。我们可能早跑了一点点。遗憾就是这个，当时没有咬紧牙关，去把这个学业再进一步。
>
> ——1995级测量工程专业校友

（四）职业和专业不匹配

正如第三章的定量研究所示，较大一部分校友毕业后的职业类型与当初所学专业相关度不高，这也成为一些校友的遗憾。

> 我并没有从事相关的职业，这对我来说是一个遗憾，读了一个好大学，在建筑这个领域这么强的一个学校，但是实际上我没有从事几年，我只在房产公司做了五六年就出来自己做了，后来从事了不相关的行业，这个是我的遗憾，职业和专业没有匹配。
>
> ——1987级工程力学专业校友

> 我现在跟我原来学的专业毕竟还是脱离了嘛，会有点遗憾，原来毕业的时候就偏离了自己学的专业……本科学的东西基本上都没有用到，都放弃了……学校这边培养花了四年的时间，然后我又选了这个方向，但是我最后做的工作跟我的专业一点相关性都没有，所以其实想起来是有点遗憾的。
>
> ——2001级交通信息工程专业校友

（五）缺乏人文社科知识的学习

同济的理工科专业一直拥有良好的传统，这方面的资源也比较雄厚，然而同济的文科专业作为后发力量，近几年不断成长和壮大，人文社会科学受到越来越多同济校友的重视，有校友表示当时很可惜没有多学这方面的知识。

我觉得我当时在学校里比较遗憾的是没有去辅修人文类的课程。大学所谓大,就是应该要有海纳百川的东西。专业的东西肯定要好,但是更广的东西也很重要。我当时一直觉得人文类的课程参加太少,这是我很大的遗憾。其实很多领导他们的一些思路和想法并不是用公式去推导出来的,而是通过各个学科、各个领域所学到的知识,触类旁通地去做一些解决方案。

——1999级机械设计制造及自动化专业校友

如果从现在的角度来看,确实有一些遗憾的就是咱们学校在做教育的同时除了教授知识以外也要做素质教育。所谓的素质教育就是你这个人到了社会以后肯定是要对社会服务的。那社会是什么状况每个学生是要有心理准备的,如果你光有知识教育而对社会没有认识的话,那你肯定要走弯路,肯定要碰壁的。教育这方面可以多做一些,可以把校友请回去,去做一些讲座。

——1983级道路与交通工程系校友

我觉得我离开同济至少十年之内,我可能也没有仔细去思考,我留下了哪些遗憾。可是十年之后我自己在工作当中、在生活当中,慢慢去体会,有时候跟我先生我们会讨论,我觉得还是挺有遗憾的。最大的遗憾就是那时候我作为一个理工科的学生,过多的时间都花在了专业的学习上,我没有充分利用当时大学相对比较空余的时间,没有利用学校的图书馆去读一些人文方面的书籍,我觉得这其实是特别大的一个遗憾。现在一交谈马上就能发现我是一个理工女。

——1990级汽车设计与制造专业校友

(六) 没有恋爱

同济大学作为理工科见长的院校,一直以来都有"男多女少"的情形,如今这个情况虽然有所改善,但是由于学科特性不同,一些学院的男女较为失衡。加上学习生活紧张,所以在谈及校园遗憾时,一些校友就表示"要讲遗憾,就是没有谈女/男朋友"。女生在同济虽然人数不多,但仍有不少女性校友表示没有在同济珍惜恋爱机会是很遗憾的事情。

毕业之后你出去,再倒回来想当时同济的男生,你会觉得同济的男生真是太好了。我觉得在同济那几年我是被宠坏了的,过早地遇到了太好的人,上了社会就知道外面的那些人没有同济男生好。

——2003级应用化学专业校友

大学里面我觉得至少要体验一到两次的恋爱,这样才算完整的人生。遇见自己喜欢的人要勇敢地表白,真的,以前可能就是想太多,怕被拒绝或者是爱面子,所以从来没有主动过。不管有没有结果,和一个优秀的人一起走过一段时光,他带给你的经历一定会成为你人生中最难能可贵的东西。

——2004级国际政治专业校友

第二节 就业创业

丰富而充实的校园学习和生活是所有同济学子的宝贵财富,通过这段经历,他们积累了丰富的专业知识和技能,提升了自己的综合能力,也锤炼出了带有同济特色的精神品质。学成择业,结束校园生活,校友们带着在学校的收获和成长进入社会,迎来新的人生阶段——就业。在这个阶段,一方面他们进入劳动力市场,把自己在学校中获得的知识、技能、资源投入其中,创造社会价值。

另一方面,随着大学生就业压力的增大,国务院办公厅发出通知,在全国范围内实施"大学生创业引领计划",帮助和扶持更多高校毕业生自主创业。如今,越来越多的同济学子走向创业的道路,除就业外,校友们的创业经历和经验也是本次调研要了解的方面之一,希望为准备创业的在校生以及刚刚创业的校友提供参考和借鉴。

一、就业情况

参与我们本次调研的部分校友,在自己的职业生涯中已颇有建树,他们或为行业翘楚,或为党政机关、事业单位领导,或为国企、私企、外企的高层,更有民营企业创始人,他们的职场经验以及对于所在职业、行业的分析展望,对学校和在校生们都大有裨益。

针对就业问题,校友们较多提到的词汇是:"第一"(252)、"专业"(214)、"公司"(110)、"大学"(100)、"设计"(90)、"培养"(87)等。在本次调研中我们就校友的就业历程进行了详细的了解,包括他们是通过什么方式进入劳动力市场的,从事的第一份工作是什么,学习的专业与工作收入之间的关系以及女性校友的职业发展状况等,同时也邀请参与调研的校友对学校以及同济学子提出就业方面的建议。

(一) 职业选择路径:如何找工作

纵观访谈可发现,在受访的校友中,就业方式呈现出明显的时代特色。1996 年 1 月,国家人事部发布《国家不包分配大专以上毕业生择业暂行办法》,取消大学生毕业就业分配制度。因此,以 1996 年为界,1996 年之前入学的校友以国家分配为主要就业途径,校友们通过国家分配主要进入党政机关、事业单位、国有企业等体制内单位,他们没有自主选择就业行业和地点的权利,被分配到哪里就去哪里就业;1996 年后,大学生就业分配制度取消,随着国家私有经济的发展,校友进入外资企业、民营企业的比例迅速上升,通过参与企业招聘就业成为主要的就业途径。在这一方面,很多校友就如何通过企业招聘获得自己心仪的工作提出了经验之谈。

1. 国家分配

国家分配的就业方式呈现出的最大特点就是就业者处于被动服从的位置,不掌握工作

选择的主动权,其次通过国家分配的方式获得工作的校友职业生涯往往都比较稳定。很多校友都表示自己毕业后就一直在分配的单位工作,很少中途跳槽,"到了一个单位,做了一份工作",是他们职业经历的真实写照。

> 毕业以后就直接分到重庆去了。当时就问了一下为什么会分到重庆,他们讲那是部属单位,需要干部。当时对具体原因还是不清楚,到后来才知道的确是把我分配到部属的单位,为了培养成总工程师,就是副厅级。
> ——1962级建筑系校友

> 那个时候叫分配,不是找工作。而且分配是由不得你选择的,所以当时被分配在江西省现在叫建工集团的第三建筑公司。专业是工民建,到建筑公司,应该是对口的。
> ——1978级工民建专业校友

> 那种分配国家在招生的时候就计划好了的,虽然晚毕业了一年,但是指标都留下来了,那会儿没有什么对不对口的。
> ——1977级机械专业校友

> 我们这一批的人,大概除了百分之十几二十的思路比较活跃的同学工作经历比较丰富之外,有一大部分事实上是没有挪窝的。基本上就是到我这一届为止吧,1986年是铁板一块统招统配,1987年开始松动的。我们大部分都是分到设计院去了。第一份工作,除了个别到施工单位的,基本上都是从设计开始。
> ——1982级地下建筑工程专业校友

> 我是学给排水的,我一直在规划局没动,管工程管线,就是给水排水供电邮政,过了三四年就改行了。后来又管县政规划,又干了十年。
> ——1979级给排水专业校友

> 毕业就进到现在这家公司,公司经历这么多年的发展,不断地发展壮大,我是陪着公司一起在成长,我始终没有离开过这家公司。当时学的是给排水专业嘛,所以进这家自来水公司也算是正常的选择了。
> ——1993级给排水专业校友

国家分配工作的模式下就业者没有选择权,因此很多人会被分配到自己完全陌生的地方,面对完全陌生的人、事、物,他们经历了很多艰辛,也收获了很多成果。

建筑系的一位校友提到,学校毕业后他与另两位同学被分配到刚成立的广西建筑工程局城市建筑处。因为单位刚刚成立,报到时,单位领导人选也尚未确定,连办公室的桌椅、板凳都得自己动手去搬。按当时局里的职责分工,城市规划、市政建设、公用事业、园林绿化等都属于城建处业务范围。而他们既无人管,更无人帮、无人带,这对于初出茅庐的他们来说可谓不小的挑战。工作上生疏,生活上也是麻烦不断:晚上三个人就挤在不足十平米的小屋内,几乎是床碰床。出门上街买东西,发现街上的人说的全是当地土话,他讲什么对方都不知道,对方讲什么他也不明白,只能摆开双手比划,这也使他们三个初到南宁的毕业生苦不堪言。然而初来乍到遇到的种种困难并没有让这些同济学子退缩。在回忆当年完成的第一份工作时仍十分激动：

> 我被分配到广西不久，就被安排随北京城市设计院的工程师一起赴宜山县（今宜州市）编制当地县城庆远镇的初步规划。那时我们自带行李、睡临时搭起的板床、一天只吃两顿餐，可人却处在异常亢奋的状态中，放大地图、勘探现状、收集资料、手绘各种方案以至成果图。最后我们的方案受到了一致好评。学了四年，能用学到的知识真刀实枪地干，心里特别开心！
>
> ——1954级建筑系都市建筑与经营专业校友

2. 投简历面试

就校友们获得工作的途径来讲，通过招聘会形式获得第一份工作的比例最高，达到54.7%，其中校园招聘会为24.1%，社会招聘为30.6%。因此，很多校友都在访谈中谈到参与企业招聘的经验技巧。一是要广撒网，多投简历，增加录取几率；二是要有明确的目标，知道自己的兴趣和特长所在，有针对性地找公司；三是提前实习，通过实习接触不同的行业，从中选择最适合自己的，同时也可以积累一定资源；四是在面试时要端正态度，要坦诚。

> 校招的经验就是前面简历一定要多投，因为有的公司招聘的时间比别的公司晚，可能过很长时间才会笔试、面试之类的。我觉得你想好去什么行业，什么类型的单位，或者更明确的什么类型的岗位的话，还是要多去争取机会，因为有可能你毕业做的第一份工作对你后面的工作影响还是挺大的。我当时投的公司基本全是银行，其中夹杂一些基金公司和中资公司，我们找工作那一年行情并不好，其实基金公司和中资公司很多都在裁员，银行的话外资行很多也在裁员，最后就去了中资行。我觉得找工作的话可以在毕业之前找一些相关的实习，去感受一下，虽然你实习做的活和你最后能去做的工作可能差别还是非常大的，但会比完全没有接触过好很多。
>
> ——2010级数学系校友

> 面试的话其实毕业季找工作大概校招都差不多的，网上也会有很多介绍经验的贴子，他们会写得比我专业一些。反正个人觉得是这样的，首先你不要觉得面试你的人很傲，虽然有时候你会这样想，但是他们之所以能坐到这个位置面试你还是有他们的水平的，所以你面试的时候还是要坦诚一点，不会就不会，会就会，他们可能觉得就算你不会也不是什么要紧的事情。
>
> ——2010级（硕士）数学系校友

3. 实习单位就业

像前面校友提到的一样，对于对自己的职业没有清晰规划的学子来说，提前找单位实习可以有效地帮助他们接触更多的行业，寻找最适合自己的行业，也可以为正式找工作积累经验。在实习单位积累的人脉资源也可以为正式找工作时提供很大便利，在实习单位直接工作不失为就业的一条捷径。

> 当时实际上,学校安排了很多(实习)。比如说,有很多人来学校里招员工,学校都把那个招聘写在几个大食堂还有图书馆门口,你就可以去看。这种(机会)安排了很多,然后我自己还自荐了上海的一个环保公司,当时人家也要我了,是1800元一个月,还算挺多的。到昆明这边呢,是因为我自己家在这边,好像就比当地的人有找工作的优势。我就去找了几个设计院,然后去实习。我就以实习的名义,去了给水设计院,去了城规,还去了规划院。如果觉得合适的我就实习,短的大概一个星期,规划院比较长,大概一个月。我觉得自己比较喜欢规划院,因为一去事情也比较适合我做,就留下来了。所以我后来就告诉那些设计师们,找工作就要提前去实习,一实习,人家都会很愿意要,我感觉是这样的。
>
> ——1995级给排水专业校友

4. 为职业选择创造机会

一个人最重要的就是要为自己创造可以选择的权利。就业是一个双向选择的过程,职业选择也就是选择发展机会。校友们指出,在进行职业选择的时候一定要掌握更多主动权,为未来发展创造空间。

> 1996年初造第一个水厂,无锡县当时的锡东水厂引进了一个英国皮拉克(音)公司的投资项目,我做的事情一个是自动化,一个是电气设备,当时这个是典型的技术,是本专业的。后来包括改造什么的,有些给排水的东西也得学一学。我不可能像给排水他们能计算得这么详细,但是大概别人拿过来的方案、工艺流程还是能看懂的。然后等到造锡澄水厂的时候,出现了2007年的太湖污染的事件,我跟我领导说:"老总,我不适合土建啊,我学电气的,我鸡窝都没有搭过一个,你敢让我去造水厂吗?"他说:"你虽然不造,但是你看得多了。"他对我放心,然后就这么做下来了。
>
> ——1990级电气自动化专业校友

(二)进入劳动力市场的开端:第一份工作

第一份工作是进入劳动力市场的开端,对于很多人来说,这是一块垫脚石而不是日后的发展核心。尤其是在市场经济开放以后,绝大多数人都不会一生只从事一个工作,但是第一份工作对于个人综合能力的锻炼,对就业市场的深入了解以及日后的职业规划都有重要的参考作用。通过第一份工作的经历可以更加明确地知道自己的兴趣和特长所在,明确日后的发展方向。

1. 第一份工作怎么选

关于应该如何选择第一份工作,校友们的观点基本一致。首先,要以第一份工作为基础,对未来进行思考和规划。有校友指出,在工作过程中,会慢慢知道自己想要什么,对未来做出合理规划。其次，即使第一份工作只是过渡，也要以自己的兴趣为基础，做自己喜欢的事情。第三，要考虑行业的发展前景，为自己创造广阔的发展空间。

> 对于一些人来讲，第一份工作并不是那么重要，为什么呢？第一份工作重要的不是你是做什么的，而是在这第一份工作中你要不停地积极去思考。不能说找到第一份工作，就什么都不管了，做这份工作就行了，什么都不思考了。重要的是虽然找了第一份工作，但是在工作的同时你还是要去思考的，思考工作的方向，思考未来行业的方向。包括在工作的过程中，会慢慢知道自己究竟想要什么。既然知道是第一份工作，给它加上了一个定语，第一份而不是说唯一一份，那就肯定证明有可能有第二份工作，有第二份工作就很可能有第三份工作，第一份工作或者第二份工作时要想清楚自己最终想要做什么工作，这个是最重要的！
>
> ——2009级法学专业校友

> 首先还是得做一些自己喜欢的事情，做不喜欢的事情即使你做了也会觉得人生缺乏一些什么东西。其实人生苦短吧，如果每天七小时或者八小时的工作中仍然从事着一些你不喜欢的事情，这个人生会比较荒废。第二点呢就是看一些热点，现在热点的工作或者是人才紧缺的一些工作。首先兴趣爱好是什么，但前提是同学们都选择了一个自己喜欢的专业，由这个专业推开去看，可能从事的职业，最好不要跨，否则你觉得你这四年白学了或者六年或者七年你就白学了。当然可能学到的是一些情商方面的东西，不是真正技能方面的东西，可能学会了待人接物或者为人处世，但当跳到一个新工作环境中的话，就相当于从零开始。总结下来一点就是做自己喜欢做的事情，做行业紧缺的事情。
>
> ——2004级数学系校友

2. 清晰的职业选择

谈到第一份工作的选择，有的校友对于自己的职业规划是非常明确的，他们在求学期间就确定了自己之后的工作方向，因此在毕业之后往往有针对性地进入了自己心仪的工作单位。

> 我当时在设计院读研究生，所以毕业之后自然而然就留下来了，我是一个对未来规划非常清楚的人，我大三就想得很清楚了，这完全有赖于我在大学接触了很多很多好的老师好的同学。
>
> ——2000级土木工程专业校友

3. 机缘巧合的选择

也有部分校友对自己的职业并没有很清晰的规划，他们在毕业后比较盲目或机缘巧合地从事某项工作。在工作过程中，有的校友发现这份工作并不适合自己，辞职转行踏足新行业，也有的校友在和企业的磨合中坚持了下来，取得了相当的成就。

第一份工作是在政府机关,当时我们对职业的选择是很盲目的,没有谁告诉你该怎么做选择,那个时候我文章写得好,市政府就说让我去做书记秘书,帮着写文章、端茶送水。做了一年多的时间就觉得这种朝九晚五的工作实在不适合我,不是我想要的那种生活方式,就毫不犹豫地辞职了,就折腾"下海"创业。

——1987级机械学院城市燃气专业校友

我之前也说过有曾有两个机会。一个是留校,一个是去企业里面。当时正好有管理咨询的科尔尼,其是四大管理咨询企业之一,我最后选择去了科尔尼。因为做企业管理咨询它最大的一个好处就是可以在最短的时间涉猎广泛的行业和专业的领域,然后使自己成长是最快的,就先走了这步。

——1992级工商管理系国际企业管理专业校友

4. 就业类型

从单位性质来看,同济校友第一份工作单位属于党政机关和事业单位的比例占四分之一左右,国有企业超过三分之一,二者合计超过60%;外资、民营企业二者合计三分之一左右。

(1) 国有企业

第一份工作选择国有企业的校友大多是基于国有企业工作稳妥且福利待遇相对比较丰厚。

第一份工作就是行政管理,一方面是因为专业对口,找工作比较方便,另一方面就是家里人觉得女生做这样的工作比较稳妥。之后我也做过文秘和国际贸易的工作。

——1996级行政管理校友

在房地产公司的工程科,做一个现场的质量检测员。选择这个单位是因为当时会有分房,而且这家公司的福利待遇也非常不错,所以就选择了这家企业。

——1985级工民建校友

(2) 外资企业

第一份工作在外资企业的校友提及最多的是外资企业的工作经历对他们待人接物、处事方式等综合能力的锻炼,以及外企人性化的发展理念对他们的影响。

当时第一份工作是在易道,一个全球领先的景观设计公司,先在香港工作,然后去深圳等地。做了两年,然后创业了。我们班有五六个人进了这个公司,也是公司在中国的第一批员工。在这个公司也学到了很多职业精神,对甲方的待人接物、沟通交流以及一些职业操守。现在学生会有一些欠缺也是在这方面。

——1994级风景园林专业校友

如果员工连续两个礼拜或者三个礼拜加班,不是偶尔地因为一个项目而是长期那样的话,他们一定会招人而不是让你继续加班,他们肯定会觉得公司的工作业务和员工人数失衡了。但国内(公司)为了省成本,就继续让你加班,而且可能国内都是这样的风气嘛,公司觉得大家都这样,那凭什么多招人让你早回家。

——2009级风景园林专业校友

（3）家族企业

继承家族企业是校友第一份工作的另一个类型,这类家族企业往往在中小城市,公司规模也比较小。校友提到在初期是非常辛苦的,但是当他们依靠自己的努力将公司发展起来之后回望自己的职业生涯并不后悔,他们认为相对于去公司或做公务员,这样的经历让他们学到了更多的东西,为人处世也更成熟。同时有校友提到这种低调做人高调做事的精神是典型的同济人的精神。

> 先生家族是经商的,毕业以后跟他一起回到了家乡继承家业。当时我心里的挣扎还是很大的,尤其是我的父母,觉得一辈子的心血培养出了一个从县城到上海名牌大学的学生,你都不到上海工作几年就毅然地回去,而且是又回到信息还比较封闭、比较落后的县城。起初的话心里面还是挺难过的,因为大学四年在上海已经习惯了上海的生活,包括口味,但是经过八年的工作时间,我们的公司也获得了很大的发展,今年在新三板挂牌上市,所以我并没有后悔。我可能因为当初没有选择去成为一名公务员或者公司里的职员而庆幸,我在这个公司里面学到了更多的东西。为人处事更成熟低调,我们真的做到了那种低调做人高调做事,也是同济人的精神。同济人在外面可能会不太表露自己多么厉害、多么努力,但是他做出来的每一件事情会让自己的朋友、身边的合作伙伴看到实实在在的东西。

——2004级国际政治专业校友

（4）兼职状态

部分校友处于兼职状态,一是同时在两个性质不同的单位工作,二是在两个学业阶段的空隙间工作一段时间。

> 我是两个方面。一个是教学,当大学老师,一个是有企业,做实际的项目。

——2010级建筑工程管理专业校友

> 第一个工作其实我是在一个咨询公司做的,当然有几个原因,第一个就是当时我们地理信息系统那个专业有几个人之前在那个公司干过,所以顺水推舟就把我推荐过去了,而且比较符合我那个时候的需求,就是说我打算干几个月就走了,因为我要准备出国我嘛,就是干得不满意也十个月左右就走了,所以那个时候他们也无所谓,反正也不给我正式编制,基本上工资该给多少给多少,也不会长期加班,我觉得蛮好,顺便准备一下出国材料。第二份工作开始就在律师事务所了,那个时候基本上就是去了解一下法律实务是什么样子的。

——2004级地球物理系校友

(三) 专业与职业：专业学习对职业收入的影响

在本次调研中我们就专业与职业收入的关系问题与校友进行了探讨，他们通过自身的实际经历对这一问题提出了自己的见解。总体而言，大多数校友认为高等教育的学习对于日后的职业人收入和职业发展有很多积极正向的影响。

1. 大学学历与收入

"大学无用论"的中心论点是经历过大学教育的人踏入职场后收入、生活水平或许还不如早早进入社会历练的低学历人群，因此大学是无用的。针对此问题，校友们指出，虽然这种情况确实是存在的，但我们更应该意识到的是高等教育更多的是能力和素质的教育，大学培养的是软实力，是一种人文情怀和综合素质，是一种无形的增值。也许这种软实力不能在短时间内"提现"，但对于个人的长期发展是影响深远的。

> 有这样一个初中同学，初中毕业没读高中，职校毕业后就直接出来。现在他娶了一个外国老婆，开了两家公司，要出全资来赞助同学聚会。他能够做好是非常不容易的一件事。无论谁做好一个行业都是一件非常不容易的事情，但这样的生活就值得羡慕？比如说一个职校或者技校毕业的学生和一个本科甚至是硕士、博士毕业的学生有什么差距？工作差距是不能说的，因为行行出状元。人各有志，能力也不一样，有人有能力去读书，而有人有能力去做生意。那个同学有头脑做生意，但有些同学有头脑读书，天生我才必有用，不能说读书了人怎么样，不读书的人又怎么样。有一点可以确定的是，任何教育教的不仅仅是一种技能，大学通常教的更多的是在社会上的能力。其实大学更重要的是培养软实力，但是硬实力也有。软实力是一种无形的增值，大学更多培养的是一种人文情怀，个人的软件素质在里面。
>
> ——2004级数学与应用数学专业校友

2. 专业对口

在本次调研中，从校友们第一份工作的行业来看，以实体经济为主，如建筑业、制造业，占总数的43.7%左右，其次是科研、教育行业，二者合计比例约为13.3%，第三是金融、保险行业，比例约为6.7%，进入IT、房地产、交通运输等行业也占有一定比例，在4%~5%。与第一份工作行业相比，当前工作的行业特征没有明显变化。制造业和建筑业仍然是两大主流行业，比例分别是20.2%和19.8%。金融、保险行业的比例也没有变化，为8.6%。总体上来说，虽然校友们有一定的职业流动，但基本上没有离开自己所熟悉的行业。这样的数据结果与我校的学科设置和专业特色是基本一致的，同济大学以工科见长，这类专业的专业性和实用性强，在专业中学习的技能可以直接应用于日后工作，因此同济校友就业的专业对口率较高，所从事职业体现出较强的同济特色。

> 我们专业出来的大部分还是做设计，真正出来做老板的不多。我主要了解的是我们这个大班，不仅当老板的不多，当政府领导的也不多，可能因为我们的专业太优秀，出

去做设计的收入很高，大家不愿转行，就继续做设计，不过也有自己一边做设计，一边组织自己团队做老板的。

——1987级建筑系校友

土木交通这方面，创业不够，这么多年我们这个行业出来自己创业，做民营企业家的不多，有一部分校友比较成功，抓住改制的机会，比如以前的土木设计院、施工企业改制，任领导的同济校友带领一帮下属将国有企业买下来自己做事业，但是这样的也不多，不像别的专业，做房地产，上市公司的董事长等等。我们专业在体制内的比较多，其他专业的思路会更广，当然也和他们所在的城市比较发达有关，可能创业氛围比较浓厚，体制内的人因为有发展的机会和职务，就自己发展的不多，不如开放的地方创业冒险的多。

——1989级道路与交通工程专业校友

到大连市城市规划设计研究院做交通规划，属于跟专业是比较对口的，我的专业是交通运输规划与管理，同济的交通运输其实是偏轨道、物流那方面的，我是偏规划这方面的，跟我们专业能对得上。

——2008级交通运输学院校友

我现在工作的单位是山西省生态环境研究中心。这是我的第一份工作，也是我目前为止唯一的一份工作。我当时选择这个单位有两方面的因素。第一方面的因素是招聘的岗位和我的专业特别对口。就是这个让我挺惊喜的，因为当时我在上海找工作，其实并没有找到特别对口的单位。但是很让我意外的是，山西居然有，所以我当时超激动。第二就是我学环境的初衷，其实也是有点想改变咱们国家这个环境糟糕的状态。而山西省又是一个环境情况尤其恶劣的地方，所以我也挺愿意回来。而且山西毕竟是我的家乡嘛，离我的爸妈比较近，我还是挺乐意留在他们身边的，然后他们也希望我回来，天时地利人和，我就回来了。

——1989级环境科学专业校友

我会找专业对口的景观设计师。简历我当时是海投的，我就看有没有景观师，有网站的，看上面有没有job post，再看那些职业描述，包括它的location，然后来投我的简历。其实我觉得申请学校和你找工作一样的，都是像找对象一样的是两情相悦，你投了那么多学校，你也投了那么多工作，最后要你的，其实就是match的嘛。这个公司在佛罗里达，我是个特别爱玩的人，我去工作的话要找一个环境比较好的，这样我还能享受一下，所以我当时觉得公司在佛罗里达还不错。当时先是Skype面试了一下，第二次interview的时候就让我去这个城市，到了那边之后我就更多地去了解这个城市，了解这个公司的文化还有同事，我觉得打动我的其实是这个公司的文化和同事。我的老板特别聪明，是普林斯顿毕业的，但是往往我们观念会觉得很聪明、很优秀的人会比较骄傲，或者说比较自我，但是他是个非常非常谦逊的人，人品超级好，会让我觉得整个公司的文化、同事都非常nice、非常温暖，让人觉得有一种家的感觉，而且这个城市是在佛罗里达州，它气候很好，又靠海，有很多的项目和发展机会，我觉得应该没有什么可以挑剔

的，就留下来工作了。

——2009级景观学专业校友

当时应该说国资体系还是主流，我后来入职的是昆明市土地开发有限公司，当时没有住建局，就是原来昆明市建委在政企分离之后，把原来的建委下面开发办所具备的一些职能变成企业行为，成立了一个公司，属于国企性质。我是1997年毕业的嘛，当时1999年昆明搞世博会，建立了一个世博园，就是咱们这个老郭厅长，当时他任指挥长，那时候还不认识他。还有一个很好笑了，就是进市公安局，基本上三选一，三个都属于国资或者类似公务员，三选一就选吧，我想了想，世博管理局这块，1999年世博会建成了之后我去干嘛呢，不懂，不知道我应该干什么，建完之后又解散了，我当时怕的是这个，当时很单纯。这个公安系统跟我没太大关系，我一个学结构工程的人，到公安系统就是去他们的基建部门，基建部门在这些系统里面不一定是很合适的领域，可能以后没有什么前途，结果就选了这个土地开发总公司。

——1993级工民建专业校友

老师的教学方式跟我想象的方式不一样，我不喜欢老师把我教成一个设计的工匠。我可以去当甲方，甚至可以去当监理方，但是我真的不愿意当施工方，包括到现在为止。第一份工作我干了14年。现在做的工作实际上也是一个政府的平台公司，我们云南省没有一个自主的新能源品牌，省委省政府希望有这么一个产品，所以愿意促成这样一个事情。那么像我们做这个公司呢，第一步还是搞建设，向国家进行申报，建设完之后就是研发、设置，跟着国家发改委的流程来做。第二步如果你研发设计这一块能够自主申请合作，你才能够生产，我们是在努力地帮咱们云南人完成一个汽车梦吧，但这个梦能不能实现还不知道，我们这个项目也很新，去年才定的，受政府的指令来做。

——1993级工民建专业校友

3. 专业与收入

不同的专业的紧缺和热门程度必然影响收入的高低，如何面对自身专业和其他专业导致的收入差距，有的校友提出"情怀"一词，他们带着对行业的热爱坚持自己的职业；也有的校友选择了转行，经历重新学习的过程，用时间积攒经验以获得更高收入；还有的校友指出，要放平自己的心态，仰望星空，脚踏实地，抓住机会。

咱就举IT行业，因为那时候我们也面临着一种选择，同学学计算机的，他们就住在我们楼上，感觉他们平时就是门对着门玩着游戏，结果呢人大学四年毕业之后，哎呀，工资好高啊，我大概记得是2012年左右，我了解到我计算机的朋友平均一个班的工资那时候已经开到8 000，最高的话签到20多万，整个平均工资比我们本科那时候的平均工资要高很多。当初也在怀疑自己，很多人就在想，那我们学环境的，因为大多数的工科专业，尤其像建筑啊、环境啊，其实刚出去，我们做的活就只比民工做的活高那么一点点，工资拿得也很少。那时候感觉心理落差非常大，进学校的时候，分数都差不多甚至比他们还高,结果一到就业的时候别人工资那么高,我们这么低,很多同学就开始怀疑是不是读错专业啦,是不是应该考虑一下转行呀,所以我们周边做环境的人,除了有一些是真的有情怀的,认为"我就想在这个行业做,哪怕工资低,我坚信这个行业会有起来的那一天"。有坚持在做的,但坚持下来其实都还可以,最艰难的可能是前两年,然后有些就转行,转到金融业,也是就您说的,可能就是转的前期至少前几年很痛苦。

——2016级环境科学与工程专业(博士)校友

自己学到的东西根本就没有用,重新学也没有那个时间和精力,就在痛苦的过程中艰难前行。有一天也见了一个朋友,我说那你还有没有考虑再跳回来啊,他说不跳了,现在就像温水煮青蛙一样。他说他已经习惯这个行业了,"我经验不足拿时间补吧,随着时间我做的东西越来越多,可能会在这个行业中摸着头脑,比别人开窍晚一些,但也是在开窍的过程中"。确实是,真的是。

——2004级数学系校友

(四) 性别视角:女性校友职业发展

女性职业天花板问题近年来也引发了热议,结婚生育等生理原因可能会限制女性的升职空间,甚至会直接错失许多工作机会。针对这个问题,女性校友提出在选择工作时要尽量扩大范围,选择最适合自己的,同时学校在就业指导方面也应该更关注女性学生,为她们提供多元化的指导。

我很多师姐师妹都在设计院工作,当初就业的时候就面临一个问题,我当时也去面试过一次,去完之后我就不想去了。他直接问我:"三年之内不能生小孩、不能结婚行吗?"现在我师姐师妹她们在里面就面临着这个问题,就是在设计院工作以后,很难保持持续性,因为面临着结婚生小孩等很多问题。其实在就业、选择工作的时候,我觉得交通专业不光是设计院,应该会有多方面的选择,比如一些咨询单位。其实现在很多大的企业,像中兴、华为他们都很需要交通、规划方面的人。另外,就是有些企业会做一些课题,交通方面的课题也都会有,还有一块就是交通方面的项目管理,我觉得这个可能更适合女生。当然也有很多女生她特别喜欢从事设计院工作的,那也是她的一个选择。就是说,我们学校在就业指导方面,可以给她们提供多元化的指导,而不是一味地都去设计院。现在很多同学基本晚上都是各种熬夜,到了生小孩的年龄了只能放弃工作,要么有的领导好一点,同意你停薪留职。

——2010级交通运输工程专业校友

(五) 展望未来:职业前景展望与建议

校友们的职业建议可归纳为四大方面:一是学校要加强就业指导,让学生可以在对就业大环境和行业现状都有较为清晰了解的情况下做出理性的决定。二是自己要把握住职业中的每一个成长机会。实践出真知,工作中的每一个实践机会要比在课堂上学习的理论知识更加有用,要学会在工作实践机会中充分学习,弥补不足,积极改进,增强自己的专业能力和综合素质。三是"就业—学习—再就业"也是一种可取的模式。很多人在刚刚进入劳动力市场的时候是比较盲目的,反而在职业发展过程中会更加明确地认识到自己的兴趣和特长所在。由此有针对性地进行深造学习,之后再就业从事自己更感兴趣的工作。四是在职场中发挥校友帮带的作用,同时要充分发挥各地区校友会的作用,可以让学生通过联系各地校友会对当地的就业现状有一个更明确的认知。

1. 加强就业指导

由于学生所处环境的局限性,对于自己职业未来的想象和预设往往和现实是有偏差的。学校有效的就业指导可以让学生在择业前对当下社会的就业形势和自己的想法有一个明确的了解,不至于盲目选择。

> 其实刚毕业的时候我觉得同济对学生就业各方面的指导还是不够的,我们还很懵懂,也不知道这些工作做什么,对这个的前途是什么也不清楚,还是很单纯的,觉得钱不重要,要回来做一番事业做点贡献,那时候思想真的很单纯。我也是我们系的党员,我们入党那时不像你们现在这么容易,那时候我们那个年级那个系就三个党员。当时觉得能够回广西,学有所成,回来做点贡献,但是回来以后很后悔。首先工作环境跟原来想象的差距比较大,当时说我们岩土工程那个专业是比较前卫的,结果回来以后就发现大部分勘察分院都是在做勘察,跟自个儿的还有整个单位的环境相差比较远。后悔那时为什么不留在上海、广州,为什么不读研。我还想过通过读研考回去,后来由于工作方面的原因就没考。所以一开始对工作单位不是很满意,就自己寻找出路。

——1989级地下系校友

2. 职业中成长机会

就业过程中的实践收获对于个人职业发展的影响是最为直接和深刻的。校友们的实际经历告诉我们:抓住工作过程中每一次学习和提升自己的机会,多尝试、多学习对于提升自己的职业技能和综合能力是非常必要的。

1954级建筑系都市建筑与经营专业一位校友的例子鲜活而生动,他用自己的就业经历告诉同济学子如何在职业中成长。1970年金城江的一场大水,淹没了大半个山城,许多房屋街道被毁,急需恢复建设。正是在这样的情况下,他从地区建筑公司借调到"金城江城建规划领导小组办公室",具体负责金城江的规划建设工作。对于他而言,样样都要亲力亲为,无论是规划设计、编制、规划实施管理、建筑报建,还是道路选址、定点……所有涉及的相关专业都必须懂一些。甚至有时还要处理违规事件和纠纷。在短短几年间,他几乎走遍了金城江所有大街小巷,爬遍了所有规划区内的山头,也逐渐融入了这个小城中,以至于走到大街上,常常要忙着与许多人打招呼。

"三分规划,七分管理,规划的关键还在于管理。"从规划到设计,再到管理最后到审批,所有过程校友都一一参与。这样的经历并非人人都能有,这是一种锻炼,更是人生的一笔财富。从1971年来到河池至1980年离开,他可谓是金城江的规划者之一,也是见证者。他亲眼目睹了金城江由一个普通的山区小镇,到如今的新兴城市。当年,香港《文汇报》《大公报》曾分别用整版的篇幅,图文并茂地全面介绍了金城江的新貌。

另一位1989级地下系的校友也十分生动地讲述了他的经历:

> 后面我在这边又做了勘察、设计、施工还有检测,我们当时整个广西的检测是综合院先做的,后来慢慢地没人做了,也是我们到了之后,在九几年的时候把它重新做起。做起来以后成立了综合设计院测试中心,我做了测试中心的主任,把检测这个事慢慢做了起来,后面还做得挺好的。所以机会我觉得一个是靠自己争取,另一个是你原来学的知识比较扎实、牢固,所以大家都会觉得同济大学的学生比较能干、踏实,你自己也比较努力,各个方面的东西都做了,所以在专业这方面应该说做得不错。尤其在我们岩土工程这一块同济相对其他高校有优势,很多学校的所谓的岩土专业或者地质学校是以地质为主的,但是同济大学岩土工程专业的很多人原来是搞结构的,并且我们是结构也学,地质也学,检测也学,就比较全面。所以我出来以后勘察也做,设计也做,施工也做,检测也做,我还去给一些地矿系统的单位上过结构的课。

——1989级地下建筑与工程系校友

3. 就业—学习—再就业过程

就业—学习—再就业的过程实质上是一个二次选择的过程。经过第一阶段的就业经历,会对自身的能力、兴趣、特长及所在行业现状及发展趋势有一个更理性的认知,二次选择也就会更加符合自身的发展。

> 刚毕业时大部分临床医学的同学都做了医生或者医药/器械代表。我是调剂到医学的,因为缺乏兴趣,在校期间没下功夫学习,也不想做医生。没有找过做医生的工作,毕竟做医生不单很辛苦,各方面压力也大,没有自己的生活。我家里有自己的企业,毕业以后在家里的公司做了一小段时间,婚后去了美国。曾经想过在美国行医,后来研究了一下,尽管美国的医生年薪15万~20万美元,但我还是不喜欢做医生,没法长期做这个职业。于是先读了个学位了解一下,去读了公共卫生硕士,感觉打开了我的眼界,原来还是有很多事情可以做的。职业经历上,一直都在医疗行业,曾任职于中美的疾控中心、盖茨基金资助的控烟项目、大学和卫生部的科研部门、医院质量管理部门,现在做海外医疗和儿童癌症的公益项目。可以说,虽然我没有做医生,但也一直也没有脱离医疗行业。

——2000级临床医学专业校友

4. 职场中的校友帮带

职场中的校友帮带是学缘关系向职场的延续,共同的求学经历会形成一种天然的信任,这种信任关系对于双方都是非常珍贵的。同时个体的思维模式，做事风格都会带有学校培养风格的影响，因此同一个学校走出的校友便具有了这种无需磨合就已形成的默契。

> 在学校就业的时候你可以去找师兄师姐，等你创业了，或者有了平台了，你再去招一些师弟师妹，这就形成了一个传承的东西，要确立校友会这种互信互利的关系。社会很多时候在建立信任上花很多时间，一上来如果马上能有人带你其实是很难得的。就像潮汕人的同乡圈子，有个观点，就是人在社会上一定是要别人带的，团结在一起的力量肯定是更大的，机会也更多。
>
> ——2000级电气信息专业校友

5. 就业前景不乐观的应对

我校校友的就业情况基本上是和学校的学科设置及学科特色一致的，土木、城规作为同济大学的强势专业，在就业市场上始终处于优势地位。随着社会的发展和产业结构的调整，这些行业的就业前景已经出现变化。当这些强势专业的黄金期过去之后，如何进行新一轮的学科建设，校友们提出了建议。首先，在优势专业方面，随着就业市场的相对萎缩，学校可以实行更加精英化的教育，培养更加精英的人才。其次应该更加注重综合发展，打破惯有思维，寻找新的发展方向，以适应未来社会发展环境。

> 房地产的黄金三十年逐步在过去，这就面临一个问题，市场相对在萎缩，但毕业生还在源源不断地产生，这也会导致一个越来越拥挤的状况。所以学校也不妨做一些变化，比如更重视其他方面的综合发展，又比如更精英化的教育，适当减少招生，培养更精英的人才等等。上海目前建筑业、土木业，人员都是按照最高配的，就是工作量最饱满的时候来配置的。那么市场的收缩也很快，上海目前在搞二十条、三十条，总有一天会搞完的，十年时间很快的。到那时，设计院和施工单位该何去何从，存量的这些在岗的人怎么办？他们都形成压力的情况下，新的毕业生肯定还面临更大的问题。传统行业都在面临危机和挑战，应该去思考怎么能适应新的未来环境。
>
> ——2000级电气信息专业校友

> 我们每一个人，包括学校应该具备一个随时可以打破自己的心态，因为同济土木作为一个强势惯例的学科，一如既往地骄傲，同济的土木是首屈一指的专业，时刻带有这样的傲气，甚至觉得我曾经这样辉煌过，那么你们也要沿着我的道路继续奔跑下去。但是世界的改变不随个人的意愿，而且现在我们国家房地产行业也发展得不好，所以我觉得，学校该有荣耀，专业该有荣耀，但是一定要打破自己的思维，要去接纳新事物和新的思维方式。
>
> ——2010级法律（非法学）专业校友

（六）地域选择：校友的就业足迹

就业选择除了对于行业、单位的选择，也包括对地域的选择。校友们对于就业地点的选择主要可以分为三种。一是留在上海。一方面是因为学校本身就在上海,经过若干年的学校生活很多校友已经对上海这个城市有了归属感。另一方面上海是中国经济发展最为充分的城市,在上海有更多的就业机会和提升空间,相应的报酬也高。二是回到家乡。选择回到家乡的校友多是出于建设家乡的情怀和对于家庭的责任感。这种责任感促使他们选择回到家乡工作。除此之外,客观而言,家乡更加丰厚的资源和人脉也是许多校友回去的原因之一。三是国外就业。去国外就业的校友有的是由于在校期间参与过对外交流的项目,之后获得机会留在国外工作。

> 当时是想要回大连工作,因为我当时喜欢的人在大连,而且我的家也在大连,有句话叫"父母在,不远游"。
>
> ——2008级土木工程专业校友

> 我大学毕业的时候本意是留在上海的,但是我父亲说了,家里就我一个孩子,他自己企业也办得不差,他就叫我回无锡。
>
> ——1990级电气自动化专业校友

> 来到新加坡目前的设计院从事设计工作,因为当年大四的毕业设计就是来这边交流学习的,后来就留下来了。
>
> ——2006级土木工程专业校友

> 一个契机是我在博世的战略研发部门以优异的成绩完成了实习和硕士论文,同时我觉得博世的理念"科技成就生活之美"和我当初选择同济的专业初衷是完全一致的。
>
> ——1998级环境工程专业校友

二、决心创业

如果说就业是寻找一方能施展拳脚的土地,以自身条件去迎合岗位的需要,那么创业则是亲自开创一片天地。尽管最初空间或许不会十分广阔,而创业者却实实在在是这片土地的开垦者、规划者与掌舵人。过去数十年中,在创业的洪流里也可见同济校友们的累累硕果。

在访谈中,校友们的创业动机各异,机遇也有所不同,创业的形式和路径更是各有千秋。在访谈中大致有94位校友谈到了创业,共209个段落,校友们提到较多与创业相关的词汇有:"专业"(197)、"同学"(138)、"学习"(134)、"校友"(127)、"设计"(117)等。就创业时间而言,有毕业后即创业、创业后再就业和就业后再创业三种。至于创业原因,多数人表示内因与外因皆存,一方面出于自身的"实践"精神或是对未来的综合考虑,另一方面,市场的有利条件也促使着创业心的萌发。此外,校友们还提出了创业过程中的诸多重要因素,如创业方向、心态、团队建设等。当然,创业是一场机会与挑战并存的博弈,校友们分析了创业中的潜在风险并提出了一些可能的对策与建议。

（一）志在必得：毕业就创业

首先，第一种创业时间是毕业后立即创业，这种情况的创业者常常是在校期间就萌生并坚定了创业的想法。毕业后即创业的校友表示，在同济学习期间就已经对"双创"有所接触。他们认为在学生会的工作以及其他创新项目激发了他们对于"双创"的兴趣，同济踏实的校风也让他们在实际的社会能力方面得到了锻炼。加之，校园环境及氛围给予了他们足够的时间与空间进行充分的考虑与计划，坚定决心，抓住机遇，创业便成了毕业后水到渠成的事。

> 在博士阶段就开始创业了，当时还没离开学校，觉得这是一个很好的机会，不做就觉得很可惜。当然也没想到像现在这样有这么好的机会，而且我觉得自己也不适合在大学里面搞研究。
>
> ——2003级机械专业校友

> 在大学里一直在从事各种各样和社会接触比较多的项目。因为我还挺注重社会实践，我有一个朋友，他是普林斯顿大学毕业的，他们大一的时候就开始到社会、到企业去实践、工作，我觉得对这个特别有感触，我那时候觉得在大学里除了学习基础课之外，更多的应该是和社会打交道，跟社会上的项目打交道。还好我们设计学院做的东西不是偏理论的，同济的整个专业定位也是偏务实型的，有技能型的专业方向，所以我们能在大一、大二的时候就很快地掌握一门技能，然后利用这技能就能在社会上帮助一些企业、机构、设计单位做一些项目。挣钱是另外一回事，最主要的其实是得到社会的锻炼，是一个历练的过程。
>
> ——2001级城市规划专业校友

> 那个时候做的就类似于大学生的创新作品，类似于挑战杯，相当于我们做了一个参加比赛的东西，做完之后，就有了创业的概念，就去做调研了，这之后发现无人船是可以做成产品的，就开始了创业之路。
>
> ——2003级机械设计制造及自动化专业校友

（二）厚积薄发：就业后再创业

其实在所有创业者中，很大一部分校友选择了先就业再创业的方式，即先在一种或多种岗位上工作一段时间，待熟悉了行业的方方面面，积累了一定知识并进行了充分考虑后再开创自己的事业。创业是一个十分艰难的过程，校友们认为早期的就业经历为他们在知识、经验和人脉资源方面做了深厚的积淀，而后的创业成功则是这样一个厚积薄发的结果。

> 第一份工作让我学到很多，高强度的工作也让我短时间内学习到更多。而当时正好也有些合适的项目，2000年左右，这些项目和产品整个市场竞争还不是很激烈，同类型公司也少。但是创业初期，还是很艰难，接不到活，只有几个零散的项目。对于创业，

我的意见是在行业比较好的时候,同时也要工作一段时间有一定的资源之后。

——1994级景观学专业校友

中国创业者或多或少,百分之八十都利用自己过去已有的资源,而大学生开始创业缺少这种资源。

——1982级建筑学专业校友

前面的十五年我一直处于储备阶段,之前也有其他单位找过我,当时我就考虑过,在公司他给我的花费大概在十二万,但是我现在创业,即使失败了在任何一家公司都可以拿到这个价位。而且我的公司从国营企业进行股份制改革,后来被个人收购,所以我决定自己出来创业。我有自信将我的资本拿回来,在创业过程中,爆发出了我的知识和人脉储备,而且我赶上了好的机会,滨海新区在这十几年一直处于建设状态,很多地方都在修建工程,我们就像在工地销售盒饭一样,所以赶上这个机会,也是因此我们的公司得到了发展。

——1985级工民建专业校友

我觉得创业和就业是因人而异的,不代表创业一定好或不好。就业之后再创业,其实有时候我觉得在一家大公司里面去就业,然后在大公司里面做到总经理的角色也是一种创业。创业不一定是从零开始,可以是在更高的台阶上。

——2001级城市规划专业校友

我觉得常规的这种情况呢,还是先去工作,我们叫做"先去磨刀",先去磨几年刀,你再去创业可能平台就更高。比如说,大院工作三年,然后再结合规划管理这些东西,再有三五年,你出去,自己开公司可能接触的人的平台也不一样,自己的能力也不一样,你那个公司可能做得更好,做得更大,而我那个时候就是做着做着,实在是做不下去了,可能钱是赚到了,但是耽搁了这几年,而且有时就形成了不规范的做事方法。就像我说,打球一种是不要教练,自己打,然后自己回去揣摩那些姿势,但是可能一开始你就是个错误的姿势,对于以后你要打到高水平,那种姿势是错误的,你就再怎么提高也提高不了,一开始你有一个教练,教你怎么样打,一种比较规范的方法,可能你以后能够走得更好,相当于基础打得更好了。所以我说,常规的还是建议他们先工作。

——2000级建筑学专业校友

(三) 别有志趣:创业后再就业

校友中也不乏从创业走向就业的例子。此种情况的校友表示,短暂创业后选择再就业的原因在于:其一,由于自己的公司规模难以做大,运营的业务具有局限性,一些大型项目无法触及,在大公司就业有助于自身"层次"的提升,能够接触到最新最高端的业务,将方案真正落实下去;其二,仅仅固守于自己的事业眼光难免会局限,尝试不同的就业岗位可以体会到不同的理念,积累到类型丰富的经验;其三,不论是就业还是创业,工作总是为了更好地生活,而当生活理念与工作相冲突时,有人会选择放弃创业。

我从同济毕业就开了公司,因为那时候市场比较好,还有我在上研究生的时候就积累了很多,人脉也好,项目经验也好,上海也鼓励年轻人创业。我花了几万块钱就注册了一个公司,然后就自己做。做了一段时间后就觉得,毕业以后去创业,赚点钱可以,但是说要对自己个人提升到下一个高层次就不行,创业可能就是做点一般的项目可以,很多东西你落实不下去,因为你没经历过这种具体方案的建设实施,包括很难再要往上走一个层次。这种小公司,就这么点注册资本,人家的大项目也不敢拿给你,就觉得赚点小钱可以,对自己的提升还是有问题。所以毕业以后,创了一段时间的业,创业以后就觉得还是要提升。境外公司也待过,学习国外的这些(理念和经验),境外公司在上海也多,它们的工作经验,还有怎么经营事务这些东西,在这类公司工作过后,就觉得国外公司管理非常死,它做事就是一板一眼,效率比起中国来还是低了。然后就换到同济规划院工作了半年,觉得尽管在境外公司工作过,在这种大型的国企也工作过,自己创业也经历过,但是还是没有归属感。本身我是云南人,我的妻子也是云南本地人,我初中同学。分析来分析去,那个时候还做了一张表,就是待在上海好,还是回昆明好,反正打分打下来,分实际差不多,就是在上海,个人发展这种东西肯定比昆明好,但是昆明生活的适宜性,舒适性,还有亲朋好友,昆明冬天天气很暖和,夏天又很凉快。上海很热,我那个时候在上海房子也买好了,生活也很方便,就觉得应该可以定下来了,户口也没什么问题,但是就总是觉得,心好像在漂泊的感觉,所以后来还是觉得要回云南。

——2000级建筑学专业校友

(四) 创业原因:内因与外因的共同作用

创业不论在何时何地都是一个"不同寻常"的选择,比起在一些优势行业的就业而言,创业缺乏稳定性,属于没有人许诺成功,也没有人共担失败的"风险"职业。那么同济创业者们又是怎样下定决心的呢?让我们一起看看他们的回答。

1. 内因

首先,若要深究创业的动机,无非分为内因与外因两种。内因中最重要的一点当属"精神"二字。这里对于"精神"的解读有两方面:一是对"创新创业"的实践精神,二是对"自由"的追求精神。一些校友表示,在同济学习期间参加的学生会工作让他们深刻体会到了"创新"的魅力,即尝试前人未曾做过的事情,选择一种独特的处世方式,并且同济人的工科精神让他们有能力将每一个可行的想法付诸实践。

工科的精神总结一个就是实践精神。做什么都要做个实验,实验的话就是不做不知道成不成,就像自己创业一样,不出来也不知道成还是不成,那至少来实践一下,是有机会成的嘛。

——1995级测量专业校友

自己也一直想努力去做一个优秀的景观设计师,之后也算是付诸实践开了一个景观设计公司,现在在业界也算小有名气吧。

——1994级景观学专业校友

我们当时创业的时候2009年,就是我刚离开学校的时候,也谈不上现在这种"双创",没有很多的社会舆论的引导,只是觉得自己想做一些跟当初在学生会类似的事情。其实在学生会的时候我们做的事情某种程度来看就是创业的事情。因为你做的很多事情都是前人没有做过的。我觉得从骨子里面我们是具有创业精神的人,所以我一直说创业是你选择的一种生活方式,不是你选择的一个职业,你就是觉得你是这种生活方式的人你就会去创业。

——2002级建筑学专业校友

此外,对"自由"的向往也是校友们选择创业的内因之一。所有的工作都会有所限制,但创业给予个人足够的自由发挥的空间,砌起的一砖一瓦都让创业者拥有自豪感。

在第一份工作中,走了差不多整个中国,看到了很多之前没有经历过的风景。就像我之前在随笔中写的,城市和乡村、人和物,见得多了,心也就大了。为什么放弃这份在别人眼中安逸、体面又稳定的工作呢?为了自由,重点是思想的自由。这也是我决绝地选择创业而没有尝试换份工作的原因,所有的工作一定都会有限制。那么创业呢?创业会让你感觉所做的每一件事都有意义,更累,但是我心甘情愿。

——2005级哲学专业校友

还有一个内因是"能力",校友认为,同济学生的综合能力普遍比较强,遇事总能找到对应的解决方法,而这一优势让他们觉得创业是一个可能实现的目标,并且他们十分希望能在创业的平台上将优秀的品质发挥到极致。

当时面临蛮多困难的,总而言之就是市场、资金、信任度等,但是我们同济人水平高,遇到困难和问题总能想出一些解决办法和方案,将问题和困难一个个解决。

——1987级建筑学专业校友

我觉得咱们同济人,还是该创业,为什么呢?咱们的这些专业知识绝对是领先的,这些知识是接地气的,是可以转换成生产力的。

——1990级材料工程无机硅金属专业校友

2. 外因

当然,仅仅凭借内在的精神动力或是能力优势还不足以确保创业的成效。校友们认为,在创业初期,外在因素往往更能左右事业起步时的态势。这些外因具体体现为市场需求、竞争对手的情况和体制的支持等。

感觉当时的体制下,自己不是很适合就业,就决定自己出来创业。我是1997年成立这个公司,当年28岁,也没有本钱,就做装修或是土建这一类不需要本钱的施工项目。

——1987级建筑学专业校友

而当时正好也有些合适的项目,2000年左右,这些项目和产品整个市场竞争还不是很激烈,同类型公司也少。

——1994级景观学专业校友

此外,强大的校友关系网也是激励着一代代同济学子选择创业的原因,校友们表示同济时刻像一个坚强的后盾,让创业者没有孤军奋战的担忧。

基本上那些比较年长的校友,只要找上门去,人家都是无私地帮助我们,包括学校。还有师弟,这些比较年轻的师弟,现在发展挺快的,80后、90后的,能量很强,就是这个团队给我们的自豪感,不是说某个人多牛多怎么样,而是你感觉背后有同济,就好办事,就是这种感觉。

——1995级测量专业校友

总而言之,"天时、地利、人和"是创业中不可缺少的三要素,校友们也是经过了对各方面情况的调查与深思熟虑后才最终做出了"创业"的慎重决定。

(五)守业更比创业难:创业过程中的要素

俗话说,江山易攻不易守,尽管大家普遍认为万事开头难,但坚定创业的决心、打下创业的根基并不意味着创业的最终成功。创业的过程环环相扣,每一环节都有其关键所在,正所谓"失之毫厘,谬以千里",任何一处细节的疏忽都可能埋下潜在的危机。针对整个创业过程,校友们列举了其中值得关注的诸多要素。

1. 校友资源:同门相助与相惜

其实不论是就业还是创业,校友资源始终是奋斗过程中一笔宝贵的财富,我们常常将一个词挂在嘴边——"引路人"。对于那些创业者来说,不管是不是在同一行业,只要是能够提供指导与帮助的,都是自己的引路人,是布满荆棘的道路上一只亲切的援助之手。在访谈中,创业的校友们曾多次强调同济的"校友资源"是一大特色,一些行业如建筑、规划等,业内同济的高手云集。一方面,强大的校友关系网络给人以天然的庇护感与亲切感;另一方面,热心的同济前辈也的的确确能给后来人以最大限度的帮助,不论是就业机会还是创业的项目资源,可以说前辈们不求回报地提携着一代又一代的同济人。

有一点能体现我们同济的优势,就是公司现在的客户,前二十的那些开发商,里面很多负责人都是同济出身的,同学朋友之类,这种行业资源,也是同济特有的。这种沟通就很亲切,有种天然一脉相承的感觉。校友圈的人脉在这个行业里特别强大。

——1994级景观学专业校友

后面就自己出来创业了,自己做自己的公司。因为做工程的,经过几年积累之后,有一定的人脉和经验之后，自己做比较容易上手。当时也刚好有个机会，也是一个师兄带的，进单位也有老校友关照，然后自己做事，也是社会上的师兄互相帮忙的。

——1994级景观学专业校友

设计行业整个设计院从老中青几代都有同济人，老校友会关照年轻的。交叉学科的不多，因为我创业跳出来了，跳出来之后我接触到各个行业的校友，所以感受到普遍的关照。有一些校友，因为他所在的那个单位，或者那个行业校友比较少，他也不可能借助外行业的校友的力量，自己确实奋斗得比较辛苦。

——1995级测量专业校友

就是一个圈子，同济人本身有"同舟共济"的精神，比如说，这个方案里面，专家评审里面，他一看，这是同济校友，肯定有了问题他当然不会说就把你的方案批了，会在下面跟你说说好话。还有比如说可能开发的那些企业甲方也是同济的，他觉得我要找你同济的人来做设计，就是在市场竞争方面也有优势。相当于同济的这个圈子和这个网。就比如说我们这边人要创业，要收费之类的事情，有这层关系就好得多，有些事情不好谈的，比如说我们两个是陌生人，但是一听我们是校友，有些东西就谈得起来，而且信任感也是比较好的。

——2000级建筑学专业校友

校友之间的相互推动，老校友对新校友的帮助。创业上的支持，校友之间的合作。以前我们的很多业务，实际上是校友之间的合作，我感觉很多校友实际上离开大学之后，还是对大学生活很向往的，大家都有一种想回学校看看（的想法），甚至有人提出去听一堂课。校友和学校之间的资源互动还是可以有的。

——1992级建筑城规专业校友

2. 创业方向：罗盘指引远行

在校友们看来，"找准方向"也是创业的关键之一，此处的方向有两层含义：其一，在创业初期找准即将要涉足的领域。创业的领域与方向也是五花八门的，这时便要结合自身诉求与优势条件，在充分调查了解周围环境与市场的情况下，选择最优方向，当然，创新始终是必要的；其二，创业形成一定气候后，"运营及管理方向"也是决定企业未来走向的关键之所在，有人将主要精力放在公关上，有人则数十年如一日坚定地主抓产品及服务质量。

大学生能否创业是要看情况的，一般的大学生创业我觉得是有问题的，但是同济高水平的学生创业是有可能的。创新是肯定需要的，中国的实力不断增强的环境下，很可能成为世界GDP的强国，必然走向引领世界的角色，我们的人才和国家没有做好思想准备，即使是个大国，也未必能引领世界，其他国家未必会服气。在这方面的话大学扮演什么角色，怎么引领世界，从这个角度看，同济需要为下一个百年做思考和规划，同时在引领世界过程中，把自己发展壮大，这种思考才有高度和生命力。

——1987级建筑学专业校友

我们在景观设计方面在上海算是比较大的公司了。主要就做住宅和公园,更偏向房地产领域,而且毕竟房地产更适合商业化,也更规范和标准化,因为规划都是政府性质的。建筑的话,上海几千家,所以我们就选择深耕景观方向,全国至今也只有几百家。我们比较偏产品、偏作品、偏设计。因为当代景观也是个在风口上很朝阳的行业,无论海绵城市,还是美丽乡村的概念,都是有景观的需求。所以我是一直坚持:把设计做好,作品做好了,有学术地位和知名度了,自然会有生意来找你。这比把精力都用在公关,吃饭喝酒之类的好多了,而且我们同济人也并不善于应付那种觥筹交错,还是比较务实在技术上的。

——1994级景观学专业校友

第一次创业,我选择做的是在线教育培训机构。然后我发现,这一行很难。教育用户没有对内容付费的习惯,而且教育是个专业性、个性化很强的行业,每个人的需求都不一样,很难把握。最重要的,我并不知道这个行业做到最后是对还是错,我很害怕成为错的教育体制的帮凶。不过这个问题在我成立了干洗客之后就不复存在了,帮别人洗衣服总是没什么错的。2013年7月,干洗客在上海成立,2014年12月重组。洗衣是个有意思的行业,它符合这几点逻辑:大众基础消费;刚需且平均次数固定;与"不沾钱"的互联网相反。轻决策+人人需要的基础消费+刚需+平次稳定+可付费=洗衣行业适合做O2O,无论是业务还是入口。不过我认为对洗衣O2O来说,洗衣质量、取送和价格是用户痛点。

——2005级哲学专业校友

我们创业可能很难跳脱出之前的工作领域,所以积累人脉是非常重要的。在和你接触中,充分地信任你,愿意和你合作并帮助你,为你打下坚实的基础,终有一天会变成你的财富,这个是靠机遇的。我们应该多关注细节,细节决定成败。

——1985级工民建专业校友

可以说和眼光也有关系。当时出来创业我有两个选择,一个就是和朋友做施工,但我觉得会荒废了自己,让自己变得懈怠,因为做施工更多的是在饭桌上和人们沟通联系,而我现在则需要紧盯公司的每个流程,要辛苦很多。当时我觉得现代服务业作为第三产业会有大的发展,虽然路是很坎坷的,但是一直是向上走的。工程建设的产业链要全面做好,而不是跨行业的盲目发展,要站稳脚跟。我们多是轻资产投入,可以根据局势灵活地进行调整,但是它的积累是一个缓慢的过程,以资金为杠杆,收益会很大。

——1985级工民建专业校友

在我的创业中也会求稳,我专注做我的房地产链条,我不会去做一些能赚小钱的旁支项目,不能以我公司的名誉和精力为代价,我选择踏踏实实做我的主线。

——1985级工民建专业校友

作为公司的创始人或者说掌舵者,把握方向是另外一个很重要的事情。做什么不做什么,就需要全面地了解这个行业、你要做的东西以及你的团队,了解社会的走向,才能有精准的决策。

——2003级机械专业校友

你们不用参照我的模式,因为我的模式走的弯路太太太大了,我那时候在大学创业的时候,管理不懂,社会资源没有,什么都没有,在这样的基础上摸索,付出了超过别人几倍的代价。如果你到了一家教学机构待三个月,其实很多弯路就避免了,而我那时候没有,我是从零开始,我那时候最难的在于管人怎么管,不知道怎么管,想到哪管到哪,都是靠自己摸索,而且不见得摸索的方向是对的。我的创业路不是一个慢慢的上升线,而是一个有波折的过程,其实很多都是花钱、花精力去买的教训。

——2001级建筑城规专业校友

3. 创业机遇:最美不过天赐良机

创业是一项日积月累、水滴石穿的任务,付出与汗水自然是少不了的。然而万千创业者中,最终获得成功的寥寥无几,甚至可以说大部分人都在创业的洪流中成为了失意者。不可否认的是,一次好的机遇能让整个创业变得事半功倍,或者说至少在同等努力下远远领跑他人。

无人船公司创业赶上了时代的几个重大机遇,首先是海洋强国,这是一个未来几十年都不改变的东西。建设海洋强国就包括了智慧海洋、"一带一路"、海上丝绸之路以及我们如何更好地保护海洋环境,开发海洋资源,维护海洋秩序,还有海上军事力量和安全。这个大背景下,我们的产品和技术有了非常大的舞台。其次就是国家支持创新创业,大众创业,万众创新。虽然现在很多政策还没有落实,但是这个口号也有重要的导向作用,使很多人才有了创业的想法,更多的人加入创业中,也是一个好的机遇。再次就是现在军民融合,民营企业参与国防建设,有了一个机会。这个大门的敞开,肯定会带来一批企业的崛起,虽然不知道是不是我们,但是有机会是第一步,我们赶上了好的政策机遇,也就逐步形成了我们企业的发展方向。所以除了环保,我们又有了海洋,继而有了军用,如果没有这些政策,我可能也不会做无人船,还是去做无人机了。企业发展和政策相关。

——2003级机械专业校友

4. 创业决心:滴水能穿石

机遇总是会青睐那些有准备的且不遗余力的人。前辈们表示,创业中的失败者十之八九,而其中大部分是因为敌不过那一两次的失败而动摇了决心,最终放弃。事实证明,这种急功近利的心态最是要不得,既然选择了远方便只顾风雨兼程,既然选择了创业这一挑战,便必须有"不破楼兰终不还"的决心。这一决心则具体体现在将事情做好的责任心和对短期失败的抗压能力上。

创业是靠解决问题的决心,创业不需要你太多的知识和技能,但是有一点就是坚持把事情做好的责任心和人际沟通的能力,毕竟你要和人打交道。别人要相信你,遇到问题你要说服别人,这种能力你在大学阶段参与一些社团组织都能带给你。

——1987级建筑学专业校友

现在年轻人创业，我们了解到的，成功的不多，失败的是大多数。关键你真的想创业，要有决心，失败再来，总会成功。急功近利干脆不要创业了。没有天大的决心是不行的，一定要坚持再坚持。

——1959级建材系应用化学专业校友

那时候出发点也很简单，就是有一种水到渠成的职业规划。什么叫水到渠成？当你走到这个份上的时候，别人天天要跟你开发票，要跟你产生商业交易的时候，你会发现你缺一个东西，就是公司。这时候我们就去注册了公司，我们就觉得这是一种水到渠成、自然而然的创业，而不是今天我来宣布我要创业了，然后我前面什么基础都没有，从零开始。像这种也可以，但我不是很赞同这种模式，因为我看到了这种模式的失败，风险很高，而且很多都是三天热度，过了三天，一旦冷静下来就觉得这么多困难，这么多辛苦，就放弃了。

——2001级建筑城规专业校友

创业的人脑子里面会有两个逻辑。第一，他脑子里面会有一个极强的逻辑：我要创业。很多人都说什么创业经过了极其艰难的选择，胡扯。你就想，如果一个男人说他经历了艰难的选择最终选择你——那他一定不爱你；他爱你的话那还用什么选择，直接奔着你就去了。所以说创业的人一定有个坚定的理想，这是第一个逻辑。第二个就是，他有没有远景呢？没有。你说我（当年）回山东创业（能想到）以后我能来北京？胡扯。都是走一步看一步，但是非常坚定：我就是要回山东创业。

——1988级建筑系校友

5. 创业团队：独木不成林

创业是一个从无到有、积少成多的过程，或许初期只是零星几人在管理着一个小规模公司的事务，然而，待到滴水汇成河，公司规模和业务不断扩大时，则需要一个完整的团队来负责公司的日常运营。团队是公司的重要组成部分，也是决定一个公司业务绩效的主要因素，其中包括团队成员之间的默契度、信任度等。

创业之前，最重要的就是组建一个好的团队。组建团队分多个阶段，但是最早的创始团队非常重要，最好是互补的，完全信任的团队伙伴。这样才能在早期的时候，各自负责几个大方向，把这个局面建立起来。创业最重要的就是找一个人力资源经理，因为成立公司后如何建立起更专业高效的团队，是创业成功和失败的关键一环。节约成本，这个成本不仅是资金成本，也是机会成本，创业团队的建立就是创始人和人力资源师关注的第一个重要课题，所以建团队肯定是最重要的，不可能事事亲力亲为。但是作为公司的创始人或者说掌舵者，把握方向是另外一个很重要的事情，做什么不做什么就需要全面地了解这个行业、你要做的东西以及你的团队，了解社会的走向，才能有精准的决策。

——2003级机械专业校友

综上所述，校友资源、创业方向、创业机遇、创业决心和创业团队等因素均在创业的过程中扮演着重要的角色，而一代又一代的同济学子正是凭借着出色的决策力、判断力和实干、苦干的劲头逐渐在创业的领域内拥有了一席之地。

（六）创业风险与建议

正如上文中反复提及的，创业中成功的只是凤毛麟角，十之八九都会有多多少少的亏损或失败。同济的创业前辈们也指出，创业有极大的风险并且这种风险是无法规避的，一方面，创业本就是竞争极其激烈的行业，常常是水底的鱼浮到水面，水面的鱼沉到了水底，期间的浮浮沉沉、起起落落很多时候都是不可控因素；另一方面，创业的热潮延续至今，行业本身已发生翻天覆地的变化，如今的创业界已无法仅仅凭借"技术"而平步青云，在市场中，更重要的是"模式"，即如何有效地利用技术，如何正确地进行管理与创新。

> 创业成功的毕竟是少数嘛，看到的都是成功的，看不到的都是失败的——但是大量的是失败的。如果大家创业都能成功，那成功也太简单了。一将功成万骨枯，一个成功的，后面有几百、几千、上万失败的。正常如果能就业，何苦创业。
>
> ——1989级暖通工程专业校友

> 现在创业估计很难了，必须要有所谓的天使投资，因为个人投资已经不行了，成本太大了，或者几个人的小的投资。一方面是这个技术的变化比较大，另外一个方面从现在大环境的角度来讲，首先从互联网方面来讲机遇还是很多的，它作为一个技术，有很多地方需要开拓。但是我们这个行业发展到今天，已经产生了一个变化，不是原来我们可以想象的，很多东西已经发生了变化。同时已经从一个只有技术就能做很多事情的境况发生改变了，更多的是商业模式创新，这肯定得在国内创新，一个是模式创新，再一个跟中国社会结合起来会比较好。
>
> ——1984级海洋地质专业校友

面对这一系列潜在的风险和危机，同济的创业者们为后辈提出了许多宝贵的建议。首先，很多校友都曾提到"创新"的重要性，认为这是在创业界脱颖而出并屹立不倒的根源，随着"同质性"在各行各业变得愈发显著，创新能帮助自己在行业内占有一席之地。其次，在创业前须充分了解自己即将涉足的行业，因为有些行业看似容易，操作起来却十分繁琐，难度不容小觑，充分的前期调查能够帮助创业者尽可能地少走弯路。再有，校友指出，大学生创业有很明显的短板，比如缺乏行业经验，不懂得如何运营企业，对此，校友的建议是广泛吸纳各年龄层的人才，为企业的发展增添活力与保障。

最后，除了针对创业过程的建议，校友们也语重心长地劝诫后来人"三思而后行"。水可载舟，亦能覆舟，创业能让人尝到物质与精神的双重喜悦，也可能使人在顷刻间一无所有。所以校友们认为，创业仍需"有限度"，要确定能够承受得了失败的代价，不能以整个家庭的幸福为赌注。再者，创业不应成为生活的"负担"，换言之，每个人都有适合自己的工作和事业,如果尝试创业后发现这并不是自己适合的或是最期望的人生状态,则应听从内心的想法,回归本真,去找寻更为理想的工作领域。其实每一个岗位都需要创新,每一个岗位都能成全一颗渴望创新的心。

> 最大的壁垒还是创新的环境,因为我们国家两大势力,国有和民营,国营创新很困难,国营创新就是国家的层面航空航天大飞机可以的,他们有大把的资金;但是民营怎么创新?我在想日本创新,我太了解了,日本创新可以到商店里面去看,半年都在变,这就是创新。第二个大家都不愿意投资,因为长远的东西比较不确定的东西比较多。所以这个还是要有创新的,大环境要调整、要准备好之后再爆发出来。
>
> ——1984级海洋专业校友

> 去年和本学院的几个同学一起做创业项目,关于一个针对广场舞人群的App。目前我们主要还是走和政府合作的路,到现在为止也和闵行区政府和上海市体育总局这边都有合作,开展得也还可以。但是我现在面临一个困扰,就是我家里人一直想让我考公务员,我现在创业也挺辛苦的。所以我也在动摇,其实对于自己的性格来讲,我是偏安稳型的,想的是家庭和和美美然后有一个稳定的工作。当时做这个事情也是一个巧合,其实像我这样应该是应届毕业生的普遍状态,没有非常明确的想法。
>
> ——2014级社会学专业校友

> 比较反对大学生创业,直白地说,一万个大学生创业,只有一个能成功,其他的都是炮灰。在我们创业的过程中,就发现了大学生创业的很多短板,比如我们的创业团队缺乏管理经验,不知道一个大企业是如何运作的,这样就不知道应该朝什么方向发展下去,而且大学生和人打交道也需要磨练,所以我们团队后期组建,吸引了不同年龄层的人。
>
> ——2003级机械专业校友

> 大学生一毕业就创业很具挑战,我建议三思而后行,但是有好的机会也不要错过,前提是你要想清楚,并且能够承受住可能失败,你不能把全家多少年的积蓄全都赔进去,作为独生子女,我们的父母将来谁照料。所以不能过于盲目,毕竟创新创业不是只有自己创业,我们在任何一个岗位上都是需要创新的,加入一个创业公司也叫做创业,即使你加入进去没有股份,但其实你也是在积累创业的经验,如果你有一些股份,还可能是你十年之后自己创业的第一桶金。
>
> ——2003级机械专业校友

> 马云说成功是不可以复制的,但是失败是可以避免的。当时我给他们的建议,我说你们的创业是没有基础的,因为在大学里你没有跟社会接触,你觉得大学毕业之后不好找工作,或者说你觉得我家里还有点钱我去倒腾一下,我不反对倒腾,但是你没有想法、没有基础去倒腾,你在三年时间、四年时间甚至更长的五年时间没想过去做这件事情,你现在毕业了突然就觉得我要做这件事情,我觉得这个事情都做不长,很难做成。
>
> ——2001级建筑城规专业校友

我建议同学们更多的精力用在创新上就可以了，加入创业公司可能更容易了解创业是怎么一回事，进而就知道自己适合与否，愿不愿意尝试，不能靠一个想法就做。对于学软件的同学可能创业比较简单，在宿舍里用一台计算机就可以创业，但是作为我们学机械的同学，创业需要场地、设备、器械的投入，这个事情就会复杂很多。开发一个产品的周期大概需要三年，这三年的资金从哪里来，所以我建议大家抱着一颗创新的心慎重考虑创业。

——2003级机械专业校友

说实话创业还是很艰难的。我对于学弟学妹的建议就是要做好充足的思想准备，创业不是一定要成功，但是创业不能害怕失败，创业前应该对自己有一个评估。在"双创"这个概念中，我更赞同创新，创业还是要看条件，并不是每个人都适合当老板，老板的数量是远远低于职业经理人的，还是要慎重创业，看自己是否具备条件。我之所以创业成功是因为一种不服输的精神。我在中学和大学阶段做过社团工作，最后就是我有家庭方面的支持，来自长辈影响力的支持，不是说帮我什么，而是他在政府任职有他的人脉和政府的间接影响力，所以别人愿意支持我。条件的组合项是创业成功的关键。

——1987级建筑学专业校友

二、校友足迹

同济校友遍布五湖四海，不论是就业还是创业，祖国大地处处可见同济人的身影，还有一些校友们则是在海外开启了自己的事业。

针对"工作发展"这一问题，报告对校友回答做了高频词汇的提取，去掉"工作"等默认高频词汇，校友们提到最多的分别为："专业"(684)、"老师"(159)、"帮助"(158)、"选择"(158)、"同学"(142)、"公司"(104)、"上海"(95)、"关系"(90)等。基于此，报告从校友们对于工作地域的选择入手，来探访同济人职业发展的足迹。

（一）留在大城市：紧握有利资源

首先，历届以来的大部分毕业生都选择了留在上海、北京、深圳等全国一线城市工作，一方面对于留在上海的学生来说，由于同济本就地处上海，就近工作会有更多的资源和机会，尤其是20世纪90年代以前分配工作的制度让许多学生觉得留在上海是最佳选择，然而，即使今天这一制度已经取消，仍有很多毕业生会选择上海；另一方面，大城市较之小城市有着更强的吸引力，有更多的发展机会，云集了各领域的知名企业，对于刚毕业的年轻人来说无疑是闯荡的佳地。

大家大部分毕业了之后还是集中在大城市。原先主要因为大学毕业就分配工作，可能各个地方每年都有延续性，薪火相传，比如说福州、厦门、南京、烟台和青岛等，每一代人都有同济人。但是现在，我不知道其他地方，烟台这边我往上数，可能大我五岁的我能数出来六七个，但是四十岁以上的就扎堆了，两百多号人，然后三十五岁以下的才二十个人不到。但是这个地方,至少我们单位对人才的需求特别特别大,尤其是有高学历、有足够的视野、有灵活性的人。在工作当中,我身边接触的好一点的是吉林大学的,一般都是山东建筑大学,还有烟台本地大学毕业的。

——2012级交通运输工程专业校友

同济的大部分人都留上海工作了,但是像我们那边有一个国际级的福州新区,真的是有很多发展机会,得到的锻炼也会更全面一点。比如说,我有很多同学想进市政院,可能在上海,进去之后就是做最基础的工作,不像我们这种当时本科毕业就可以接触很多方面的业务。

——2011级给排水工程专业校友

小城市遇到的最大的问题就是,送出去的人多,没人回来——我们每年送出去二三十个,回来两三个。这个可能要从两方面考虑:一方面就是本地企业自身的能力和吸引力不足以吸引学生回流、回归——遇到情况就是,我原来的一些同学,东南大学的或者南京大学的,他们也想回来,但找不到他们可以去做的合适的工作;另一方面就是当地校友会的引导,比如引导他们回归到当地的一些企业里面,或者说回去创业。现在的创业环境各地应该都蛮有优惠的,常州比较支持每年人才引进,对江苏领军人物的扶持以及产业的孵化也会对学生的回归起到引导的作用。

——2002级给水排水工程专业校友

(二) 不留大城市:向往"小"的自由

虽然上海等大城市看似有数不胜数的优势,但依然有校友表示,更倾向于在小城市工作,因为从宜居的角度来看,小城市的生活节奏较慢,有更多自由发展的空间。

我这个人最向往的就是一种随性的生活,所以我毕业的时候没有选择北京、上海、深圳,我觉得那个生活太压迫了,不适合我。我想好两件事:第一个,不在一线城市;第二个,不去设计院。从同济毕业之后,应该说除了我自己的事情之外,我主要从事的工作都是做职业经理人,以前我们叫职业甲方。第一份工作在昆明,我父亲是在1991年,就是我考上大学之前,就已经被调到云南了。我读了大学之后,第一年寒假我就来这儿了,坐火车来的,当时从上海到昆明已经提速了,只要60个小时,原来70多个小时,到了昆明之后给我的感觉是这个地方好,这个地方比较适合我生存。当时我们毕业那年属于最后一年可以管分配,同时也出现了自由择业。当时学校里面提供给我的就是三个地方:北京、上海、深圳,而且三个地方全是各种不同类型的设计院,看到这个东西就决定不分配了,就决定回到当时生活的地方——昆明。

——1993级工民建专业校友

(三) 回到家乡:心之归属

除了留在大城市,回到家乡工作也是历届毕业生的主要去处之一。对此,主要原因有三:首先,在以往的年代,思想还相对保守,"父母在不远游"的传统依旧牵动着在外的学子对家乡的眷恋;再者,家乡独有的亲切与熟悉带给毕业生们一份不可替代的"归属感",在家乡工作与生活更加舒适惬意;最后,上升到人生价值的层面,回到家乡工作的校友们表示,他们迫切希望能为生他养他的家乡做出自己的一份贡献,这样能带给他们自豪感以及人生价值的空前实现。

> 基本上那个年代的人的思想还是比较保守。哪里来回哪里去,这种比较多,都愿意回到自己家乡去。
> ——1980级土木学院地下工程专业校友

> 因为我们本身是带分配性质的,当时是愿意找设计工作,正好设计院距我们家也很近,也是煤炭部直属的单位,单位实力也不错。
> ——1985级工程力学专业校友

> 我还是觉得回大连比较优先。这家公司在大连也是比较大的,正好当时招聘的是校友。同济老校友会对新校友有一种提携,新校友对老校友有一种负责,就是你给我机会,我肯定不会让你失望那种的。
> ——2008级土木工程学院校友

> 原来毕业的时候被学校抽去做真实的设计工程,当时电脑什么都没有,我是安装专业,画图画得实在太累了。我性格比较外向,感觉趴在那里画图不好玩,所以就选择了一个当时也不叫施工单位,有点带管理性质的部门,就是现在的建设主管部门。当时这个企业在我们福建省还是比较好的一家,所以毕业就回去了。专业倒是用了将近十年,但是十年之间也有一些管理的事情。真正从事暖通专业大概也有将近十年的时间,都在工地项目部上面,后面有部分管理工作,之后走上管理岗位,2003年左右走上纯管理的岗位。
> ——1989级暖通工程专业校友

> 我原先首选上海,第二选择广州。鉴于我是学新闻的嘛,我找的工作在大城市不是做那种marketing、communication。你听这个单词觉得自己都是蛮高级的,但是其实都是做文秘的工作。你刚出来都是从一线小助理或者小文秘做起。你就会发现,你平常学的那些传播学理论,其实用不上的。因为我当时有去德国交流的经历,我就希望还有机会再走国家基金的渠道出去。但是在上海和广州找的工作都是类似文秘的,我就觉得没有什么希望,去了非常有小蚂蚁的感觉。当时正好是广西自治区委组织部来招人,去面试了之后就分到现在的教育厅的杂志社,主要是做广西教育这一块。我就觉得虽然广西现在发展得慢,但是我这个岗位好,而且也是帮家乡做事。还是有那么一点点的家国情怀吧。可能自己的收入低一点,居住环境也没有在上海那么好,但是还是希望能为国家做点事。广西教育事业还是大有可为的,也希望通过自己的小行动改变广西的面貌。
> ——2013级新闻传媒专业校友

(四)国外就业:志在远方

一直以来,同济和许多海外著名高校关系紧密,因此同济学子可以通过学校"大剪刀"平台去到心仪的国家和学校交流学习,或是攻读学位,其中不少优秀校友最终在境外找到了自己合适的工作:

> 在法国从事公共关系事业,帮助企业、名人、政府、品牌管理形象宣传。选择这份工作的理由主要是公司当时很小,属于创业团队,我喜欢挑战和自我实现的工作。而且中法关系发展,最需要的就是加深相互理解,宣传的需求尤其大,但是这方面的服务却稀缺。
>
> ——2008级经济与管理学院中法班校友

> 后来就进入了通用电气的欧洲总部。选择这份工作因为和我的专业相关而且能帮我解决国外身份问题。
>
> ——2004级建筑环境与设备工程专业校友

> 我毕业后第一份工作是意大利宾尼法利纳汽车设计公司的整车集成工程师。当时在都灵理工大学读书,宾法公司需要一名中国整车集成工程师,熟悉混合动力技术的,待遇也不错,我就去了。
>
> ——2002级材料科学专业校友

> 创业的也不少,特别是学德语的这帮人,自己干的比较多,大概有一半吧,在国外的都是基本自己干的。
>
> ——1977级机械专业校友

> 美国是这样子的,如果你拿到了研究生的文凭,这个学生的文凭允许你在美国工作一年,一年之后你要抽工作签证,但是工作签证不是每个人都能拿到的,每年就有八万五的名额,但是申请的人大概有三四十万。从这个角度来看,我能不能继续在这工作并不是我个人来决定的。但是在主观意愿上,我不知道我是不是想长期留在美国,但是我至少不想这么快就离开,因为我想在美国多积累几年工作经验,在美国考出景观师的执照,然后再考虑是不是要回国。
>
> ——2009级景观学专业校友

第三节 同济人的社会贡献与责任

自1907年建校以来,同济大学的学科体系经历了数次大的调整:1907年以德文医学堂起家;1912年建立工科;1937年7月,同济大学宣告成立理学院,成为具有医、工、理三个学院的国立大学;1945年至1949年,同济大学有一段短暂的人文社科发展历史——法学院成立于1945年,1946年学校从李庄回迁上海以后,发展成为以理、工、医、文、法五大学院著称的综合性大学。在始于1949年的全国院系调整中,同济大学原有的文、法、医、理、机械、电机、造船、测绘等优势学科或支援其他高校,或整体搬迁。同时,全国10多所大学的土木建筑相关学科汇聚同济,使之成为国内土木建筑领域规模最大、学科最全的工科大学。1978年以后,学校实行"两个转变"——恢复对德交流由封闭办学向对外开放办学转变,由土建为主的工科大学向理工为主的综合性大学转变。1996年,上海城市建设学院和上海建筑材料工业学院并入,列为国家"211工程"建设高校。2000年,与上海铁道大学合并,组建成新的同济大学。2002年,列为国家"985工程"建设高校。2003年,上海航空工业学校划归同济大学管理。2004年,列为"中管高校"。2017年,列为国家世界一流大学建设高校。目前,学校学科设置涵盖了工学、理学、医学、管理学、经济学、哲学、文学、法学、教育学、艺术学等10个门类。

同济大学的人才培养目标也在历史的发展中经历过多次转变,例如1927年对于人才培养目标的表述为"教授工业应用之知识技能,养成技师";20世纪50年代初期全面学习苏联,将培养建筑工程师、建筑师等作为目标;1959年以后,从德、智、体三个方面明确表达培养目标;20世纪80年代中期以后普遍的提法是培养"能在本专业的业务部门从事设计、施工、管理、研究工作的高级工程技术人才或高级科技人才或高级管理人才";1998级本科专业的培养目标是"培养适应21世纪社会主义现代化建设需要,德、智、体全面发展,基础扎实、知识面宽、能力强、素质高,富有创新精神的高级专门人才"。而目前同济大学把培养拔尖创新人才作为崇高使命和责任,确立了"知识、能力、人格"三位一体的人才培养模式,努力使每一位学生经过大学阶段的学习、熏陶以后,具有"通识基础、专业素质、创新思维、实践能力、全球视野、社会责任"综合特质,成为引领未来的社会栋梁与专业精英。

可以说,同济大学在工科人才的培养方面长期受到国内和国际的认可,尤其是从国内来说,为祖国培养了一批又一批杰出的工程师、设计师和城乡建设人才等。而随着学科发展的不断完善、培养目标的不断明确,同济人不仅在工程技术领域贡献突出,在管理领域也取得了不菲的成就,很多人成为优秀的管理干部;他们秉持同济的专业精神,严谨、求实、团结、创新,引领着专业和行业的发展。此外还有许多校友奋斗在各行各业,都取得了亮眼的成绩。可以说,从同济大学建校以来,同济人就一直以实际行动服务于祖国的建设和发展,创造了不容忽视的影响力。

一、专业精英

学校教育归根到底是培养人。学生从同济毕业后,不管社会地位如何,能在自己所处的岗位上做出自己应有的贡献,这就是同济校园赋予同济人的一种能力和责任。

在访谈中,校友们对于"专业精英"这一问题,提到较多的词汇是"技能"(238)、"工作"(174)、"老师"(113)、"活动"(89)、"兼具"(71)等。一位校友回忆毕业时,系主任说:"你们出来以后,脑袋上就刻了四个字'同济制造'。"校友们认为自己作为"同济制造",在社会上的品牌还是响当当的,作为同济人一直十分骄傲。"同济制造"为祖国的发展建设做出了卓越的贡献,这些贡献都与同济精神密不可分。

（一）同济专业人才

1. 总工程师

同济对社会的巨大贡献之一，就是培养了一大批兢兢业业、基础扎实的工程师。在各行各业的设计单位及相关专业单位中，很多同济人承担了总工、主任工的重要角色，基本上都逐渐发展成为了技术干部与技术领导。同济校友在各个单位的实际培养中，基本也都是按照总工程师的发展路径来培养的，在各行各业中都表现得相当不错，有些更成为了行业中的佼佼者。

> 介绍某某某是工程师时，如果是其他学校的别人不会说什么，但如果你是同济的，别人就会说："哦！他是同济的。"
>
> ——1989级地下系校友

可见，同济毕业生在行业中还是很受认可的。这些认可与嘉奖，不仅与学校的培养有关，更是与校友毕业后取得的佳绩和赢得的口碑密不可分。

2. 设计大师

同济大学也培育了一大批优秀的设计大师。

例如，一位校友曾荣获"上海市建设功臣""上海市劳动模范"的称号和荣誉。校友主持总体设计的上海地铁二号线荣获了"国家设计金奖""建设部优秀设计一等奖""上海市优秀设计一等奖""上海市科技进步奖""上海市装饰设计一等奖"等。这些荣誉不仅记载了校友的足迹与贡献，也见证了同济人对上海城市建设的重要贡献。

除了上海，同济人对城市建设的突出贡献也在其他各个城市得到了很好的体现。

> 天津市的很多桥梁都当之无愧成为了天津市的亮点，形状各异，点缀了天津美丽的夜景，这都是许许多多同济人共同努力的成果。
>
> ——1985级工民建校友

在专业领域内，同济也为我们国家培养了不少"勘察设计大师"。例如，在住建部2016年公布的第八批全国工程勘察设计大师名单中，共有69位行业领军人物荣获全国工程勘察设计大师的称号，其中12位具有同济大学背景，占比近五分之一，充分说明了同济在培养"大师级"人物方面不可小觑的实力。

在中国科协评出的首届"十佳全国优秀科技工作者"中，也出现了一位同济校友的身影。他设计的世界上首座跨径超千米的斜拉桥——苏通大桥，为中国从世界桥梁大国向桥梁强国迈进做出了重要贡献。

同济校友在建筑、规划、土木、桥梁、环境工程、燃气、排水等相关专业中的出色表现让人骄傲，这些都充分说明了同济毕业生有着非常强劲的专业优势。这是因为学校具有非常强劲的师资力量，能给学生们带去丰富、扎实的专业知识以及一套系统、完整的学习方法。

又比如，2002年12月，在北京举行的空间结构委员会成立20周年大会上，沈世钊教授被授予"空间结构杰出贡献奖"。2012年5月，在首尔举行的国际空间结构年会上，沈世钊教授被授予"荣誉会员"称号，全世界获此殊荣者仅17人。2008年北京奥运会申办成功后，沈世钊被聘为奥运场馆建设高级顾问，参与了一些奥运场馆的方案评审和工程咨询工作。如此优秀出色的教授，在同济绝对还有更多。同济教育的成功，不单是因为优秀的老师，也是因为学校在培养的过程中注重理论结合实践。

> 学生通过学校学习到了扎实的知识，对日后工作的上手、专业体系的理论掌握都很有帮助。我毕业那年有些项目我也没做过，有些东西之前也没遇到过，但是我去翻一下书，学习一下就能跟别人讲得头头是道，就像一个专家似的。所以在结构、建筑、规划和一些相关专业中，同济的优势还是很明显的。在这些行业中，你说你是同济的，别人都会竖大拇指。
>
> ——1989级地下建筑与工程系校友

3. 城乡建设人才

在中国社会近几十年的发展中，同济在城市建设的相关领域中，无疑是贡献最大的学校之一。中国的基础建设和房地产事业带动了相关产业的发展，同济人也在其中发挥了重要作用。

> 近十几年，正好是房地产和基础建设发展如火如荼的时候，同济人在此方面取得的成就和做出的贡献肯定居于中国大学校友中的前列。中国前三大设计院同济人的比例非常高，房地产公司内同济人的足迹也遍布全国。
>
> ——1987级工程力学专业校友

> 原来铁三院的院长也是我们同济的校友，我们的校友基本上都在城建方面，毕竟我们同济这个专业最强，而这十几年中国都在做城市建设，所以这些人才会脱颖而出。
>
> ——1985级工民建校友

桥梁、建筑、道路等作为同济传统的优势学科，也实实在在为祖国的建设与发展输送了许多不可或缺的重要人才。

> 在土木建筑方面，在整个中国，尤其是南方地区，许多设计院，包括甲方公司，桥梁设计院，其他地方的和上海设计院，一些中央央企，三航院、四航院等都有同济人的身影。
>
> ——2005级地质工程专业校友

> 一提同济就是土木桥梁，现在大的开发公司，掌门的，大老板不说了，下面搞技术的基本都是同济的。一进开发公司只要一打听，里面基本都有同济人，上海世贸的徐州老总就是同济人，还是建材专业的，南京三胞集团也做房地产了，徐州老总也是同济人。
>
> ——1979级给排水专业校友

我学的给排水专业，在我们的论坛里、在协会里、在委员会里都有学校老师的身影，也有我们这些从学校毕业的学生的身影。同济人在修桥、修路、修大楼、修管道，在各行各业做出的贡献太多了。

——1993级给排水专业校友

我能看到很多的道路、桥梁、建筑都是咱们校友设计的。黑龙江省设计院、哈尔滨市建筑院、城市规划院、市政院、寒地设计院这些部门的领导现在都是咱们同济的校友。

——1985级机械制造工艺设备及自动化专业校友

4. 管理干部

在城市规划方面，同济拥有绝对的优势，专业水平普遍较高，同济人也愿意侧重在专业上希望有所发展；在设计行业，同济人在工程设计上的足迹也是踏遍天下。除此之外，更涌现了一些杰出的企业家和高水平的管理干部。

以前别的学校没有这个专业，再后来，清华、东南也慢慢有了这个专业。他们（清华、天大等）很多老师，也都是同济出去的。在这一块，同济绝对是播种式的。当时，城市规划专业的两个班总共才60人，出了17个规划局局长、副局长。

——1990级城市规划专业校友

好几位同济建筑的学长在桂林建筑界都担任过很高的职务，比如我们桂林规划局局长、"两江四湖"的指挥长等，都是同济人。桂林十年前在经营城市方面做得非常成功、风生水起，同济人在这一波改造中挑了大梁。

——1987级建筑专业校友

前些日子是我们省院成立六十周年，收到了社会各界的祝福，庆祝典礼是非常隆重的。在房地产大跃进的时期，我们已经开始做管理，可能不会像建筑设计师一样，能够说出哪些建筑是我参与设计的，但是我们省院的发展壮大，对社会也是一种贡献，大家都是无名英雄。

——1982级结构工程专业校友

5. 创新人才

同济大学建校一百多年以来，确实为社会输送了很多高科技人才，尤其是在土木、建筑、工程、汽车制造等优势学科上。

确实有很多人才都是在自己经营公司或者是给别的公司创造idea。学校的优势学科会给社会输送很多优秀的人才和优秀的想法。

——2009级物流工程专业校友

比如我们珠海的校友张云飞，自己创办无人船公司，被国家领导人都接见过，香港科技大学博士毕业。李国泰校友，刚刚从日本名古屋大学博士毕业，原来是土木的，现在做通信方向，创业也做得很好。各行各业的同济人都是精英，但是我们不是很利己的精英,是一种大同的、引导式的精英,引导社会向好的方向走。我们很欢迎这种精英,也很支持这样的精英。

——2005 级地下系校友

6. 其他人才

除了上述所提及的大类专业人才外,同济人在一些其他领域内也取得了自己的成就。

比如在医学领域,1949 年,上海市政府成立了血吸虫病防治委员会,林竟成校友被任命为委员。同济医院派出邵丙扬、冯新为、郝连杰等一批专家、医护人员,共 262 人,历时 3 个月,邵丙扬医生首创"酒石酸锑钾"三日疗法,为血吸虫病的有效防治做出了重要贡献。1950 年林竟成出席全国第一届卫生工作会议,在怀仁堂受到毛主席、周总理的亲切接见并留影。

此外,文艺界同样也活跃着同济人的身影。2004 年,通过东方卫视选秀娱乐节目《我型我秀》比赛出道的中国内地男歌手、演员袁成杰也是同济的优秀校友。其在歌唱方面、影视作品、真人秀节目等文艺形式中的突出表现也让我们看到了同济学子不一样的面貌。

7. 港珠澳大桥建设中的同济人

港珠澳大桥是世界上最长的跨海大桥,连接香港、澳门和广东省珠海市,因其超大的建筑规模、空前的施工难度以及顶尖的建造技术而闻名世界,被称为"工程界的珠峰"。港珠澳大桥全长 55 公里,其中包含 22.9 公里的桥梁工程和 6.7 公里的海底隧道,隧道由东、西两个人工岛连接。作为中国建设史上里程最长、投资最多、施工难度最大的跨海桥梁项目,港珠澳大桥受到海内外广泛关注。在这座大桥技术最难的节点人工岛及隧道部分,处处都有同济校友的倾情奉献,同济啃的都是"硬骨头"。

> 修虎门大桥的时候,我从广东被调到香港,是回归前 1996 年去的香港。2001 年广东交通系统把我从香港调回来,到高速公路当总经理。在高速公路干了三年以后,正好港珠澳大桥开始筹建,三方政府,香港、澳门和广东觉得我既有内地的工作经验,也有香港的工作经验,所以让我筹备港珠澳大桥。到现在为止,港珠澳大桥已经干了 13 年了。
>
> ——1979 级道路工程专业校友

为了这名列世界前茅的"中国桥梁"的成功建设,他们的团队攻克了众多的技术难题,取得了多项自主创新成果。港珠澳大桥能够开工建设,首先就是克服了严重的海水腐蚀问题。这些成果对推动现代桥梁的技术进步以及中国从世界桥梁大国向强国迈进发挥了重要作用。港珠澳大桥将连起世界最具活力经济区,快速通道的建成对香港、澳门、珠海三地经济社会一体化意义深远。

> 同济校友会聚会,港珠澳大桥总指挥是同济的,很多施工的也是同济的。珠海横琴修隧道,主力队员就是同济地下系的。每个大工程几乎都有同济人,因为我们在同济学的就是工程技术,现在国家也在大建设中。
>
> ——1990 级城市规划专业校友

(二) 同济专业精神

1. 严谨求实

大量校友认为,"同济精神"内涵的第一关键词,非"严谨求实"莫属。同济遵循了德国制造业与工程师严谨的优良传统,培养了一种实事求是的作风。

> 马列说过,一切从实际出发,同济人做的都是那些应用性很强、基础性很强、关系民生的工作,更需要严谨求实的精神与态度。
> ——2008级交通运输规划与管理专业校友

> 同济人给我的印象,都是很求实的,求实就是同济给我打下的烙印。不光是我深有体会,就我所知道的同济的校友、师长,他们在工作上都很实事求是。尤其工程这些工作,一就是一,二就是二。比如做工程构件,差一厘米就是大问题,精确一点的地方甚至一毫米不能差。到了现场施工时,差一点马上就现原形。所以,认真、求实,是同济人特有的特质。
> ——1964级混凝土及建筑制品专业校友

> 我心中的同济精神,我觉得就是我刚才讲的,一个是服务社会的社会责任感,另外一个就是务实的做事态度,这个是同济人身上有的。还有一个就是严谨求实的做事风格,我觉得这是同济人体现比较多的。
> ——2001级交通工程专业校友

> 同济的精神就是求实、务实、不飘,大部分人都在默默地干事情,包括我碰到的很多校友,也是这样,做事情做得比较好,在社会上上手上得比较快,当官的很少,到高层去当官的不多。
> ——1983级数学系校友

2. 工匠精神

"同济精神"的第二个关键词,可以概括为"工匠精神"。所谓工匠精神,就是工作上扎扎实实、精益求精、锐意进取,这都是很可贵的精神。

> 同济更多的是直接应用到工程上,跟从事单纯的研究不一样。研究失败了,换个方法再研究,我们做工程,可以说是不允许失败的。做了大桥,它塌了我还可以建第二个,但是它塌的时候,第一经济损失太大大大大,这还是其次,第二人员伤亡,我们建一座大楼,它失败不起。所以我觉得同济的严谨、求实,对于我们做工程的人来说,应该永远做到这一点。在我的工作中,包括我下边的员工,我也一直给他们灌输,做工程一定要严谨,要有工匠精神。
> ——1985级工程力学专业校友

3. 团结合作

同济精神,不仅是一种工作努力刻苦的精神,更是一种团结合作的精神。"同舟共济"就是团结,代表着不懈的合作精神。

> 我们同济精神就是(校徽上)划船的三个小人,代表了同舟共济。三个人团结在一起力量是会非常大的。三个人在一起如果力不往一处使,心不往一处用,也是不行的。在大风大浪船上的三个人,就代表着同舟共济。如果再扩展一点的话就是国际化的视野、开放性的情怀和海纳百川的气度。
>
> ——2000级建筑历史与理论专业校友

> "同舟共济",我的理解是包括两个层面,一个是大家有难时能共同承担。一个人的力量是十分渺小的,有困难时一定需要许多人一起努力,这是共渡难关共同克服困难的力量。同时,大家也都需要到达彼岸,这又是一个共同努力的过程。所以,"同舟共济"的内涵是这样两个层面的问题,既是希望大家能够共同努力、共渡难关,同时又希望大家互相扶持、共同发展,最终到达彼岸。
>
> ——2001级建筑学专业校友

> "同舟共济,自强不息"连起来理解,就代表了自强与共强。这既是自己不断壮大发展,也是困难时相濡以沫,顺利时携手并进的境界。
>
> ——2001级工业工程专业校友

> 我觉得同济精神是一种工作努力刻苦的精神。而且同济人还有一种凝聚力,都很团结,有一种亲情感。我们在厦门,大家一说是同济的,就自然而然地说到一起去了。还有就是锐意进取、工作刻苦,在事业上这种积极追求的精神,是很可贵的。
>
> ——1977级城市道路与桥梁专业校友

> 特别是在海外,同济人有着团结的精神和强大凝聚力,同济学子及其在各个欧洲国家的校友会都是充满活力、最有号召力和最活跃的。
>
> ——2007级经济与管理学院中法班校友

> 同济人在各个学科领域内,都是比较团结的,做事情、做国家项目大家都是一起努力一起做,而且都做得非常好。
>
> ——2008级交通运输规划与管理专业校友

> 同济人"散若满天星",在各自的人生道路上不断前行。但哪天有机会聚在一起的时候,真的是"聚似一团火"。不管是互相帮助还是事业上互相促进,包括对母校的深厚感情都是这样。我相信当然其他学校的毕业生也会有这种母校情结和情怀,但是同济人身上,我感觉还是蛮明显的。
>
> ——2001级工业工程专业校友

(三) 引领专业发展

同济大学为祖国发展的各个领域培育了一大批优秀的人才,也留下了很多可观、可感、可知的东西。学土木的,可能留下了一栋栋实用美观建筑;学规划的,可能留下了一幅幅各具特色的城市风貌;做桥梁的,可能攻克了一道道难关,留下了一座座桥梁;做道路建设的,将祖国的路网向更远的地方延伸……同时,在一代代同济师生的努力下,同济也引领了一批专业的快速发展。

> 同济规划专业,基本上都是同济人撑起来做的。城市规划,包括后面发展到城乡规划这个学科,城市建设的各种理论研究、发展实践,基本上都是同济引领的。这么多年以来,我觉得作用还是远远超过清华,清华可能在建筑或者古建保护这一块做得比较多。
> ——1989级城市规划专业校友

> 为什么同济会让我感到骄傲,那是因为在我前面、在汽车这个领域里面,有很多已经坐上领导岗位的人,都是同济出来的。如果我一说我是同济出来的,而且是做汽车的,大家都会说同济做汽车很行。随便一问,可能你的客户也会说,他也是同济毕业的,都会碰到。
> ——2003级车辆工程专业校友

1. 与祖国同行

同济对于人才的培养与发展,与国家政策紧密相连。同济人积极响应祖国建设发展的各项需要,始终与祖国同行。

> 清华大学、吉林大学也有车辆工程系,但是我觉得中国几家现在做得比较好的汽车企业,在上海可以说是同济做的贡献。在最好企业里面的人,都是我们同济汽车的人。
> ——2003级车辆工程专业校友

> 因为我们做建筑的也都希望建筑被永久利用,希望政局稳定、社会安稳。
> ——2013级新闻传播专业校友

> 我完全是国家培养的。我们工民建是要做实验的,同济的设施好,在别的学校都找不到。我们一个课题,一根梁,工民建要做计算,老师给你题目,跨度荷载给你,然后根据荷载、跨度和你所学的知识,来设计这根梁的断面、配筋、混凝土标号。你把它设计出来以后,四个人一组根据你们的实际自己去扎钢筋,自己去搅拌混凝土,自己去设定配合比,搅拌好了自己定模板,全部完成这根梁的浇倒,氧化28天以后,全部去做破坏性试验,最后出一个实验报告。现在哪个学校能做到?
> ——1978级工业与民用建筑专业校友

> 国外的同济人互相之间很有归属感与团结性,更愿意相互扶持,共同进步。同济人在增强中德科技、经济、文化交流方面也做出了巨大的贡献,并从中德关系出发,把这份影响力扩展到整个中欧关系发展。这也为中国现代化建设创造了一个稳定的国际环境。
> ——1998级环境工程专业校友

也有校友认为,同济人应该与时俱进,把同济精神和中国梦联系起来。

大学必须有情怀,这个同济精神应该是全世界同舟共济。国家的层面来讲就是全中华民族同舟共济,以后同济出去的学生最差也要达到为了全中华民族同舟共济这个目标而努力。

——1999级工程管理专业校友

2. 亲民务实

同济走出来的许多人,为祖国的建设和发展做出了杰出贡献,但同济人身上始终带有一种亲民务实的特质。

我觉得我作为同济人,默默无闻就够了。帮老百姓解决一件事,不比建一座跨海大桥差。我觉得能够做一件有纪念意义的事情,真的非常好。南京比较有名的两个建筑我都有参与。占地广场,目前世界上最美丽的一个车站,上海市没有的,只有南京有;碧绿的玄武湖,这么大的广场,我设计的,而且是我亲自操刀,地下工人全是我亲自抓,我是总负责。其实项目有很多,但最骄傲的就是造福于民,我觉得也不枉是同济人。

——2000级岩土工程专业(博士)校友

我出来以后在单位里很平和的,这就是同事对我的反映,当然和我的性格也有关系。在单位工作的时候,看门卫的师傅、打扫垃圾的师傅,他们都对我很友好,我和他们在一起交流,没有那种"我是学生,我是大学生,我不得了"的那种感觉。那时候我们大学生可是天之骄子,照道理讲是有那么点骄傲感,但其实我并没有。这就是同济比较成功的地方,一直带给我们平民化思想。

——1983级数学系校友

同济学子比较平和,并没有那种贵族化的思想,没有清华、北大的那种棱角。这种平和提供了更好地融入社会、互帮互助的基础。

——2008级工商管理中法班校友

3. 规范编制

同济大学在引领一些行业发展的同时,也为这些行业制定了一系列切实可行的规范与编制。

这个只有我们国家有,而且我做得最早,做了有二十多年了。这个是我主编的,要是在九十年代去申请国家一等奖也是可以的,但我不看重这个,做点儿实事就好。另外呢,行业里面承认我,全国行业里的人都知道我,所以2009年他们给了我三十年改革开放突出贡献奖,下面的人全都一致通过。我去讲课的时候,在全国各地推广预应力管桩,只剩甘肃、青海、西藏没去过。

——1962级桥梁工程专业校友

基坑支护的管理规范设计和勘察部分我是主编。广西岩土工程勘察规范我也是参编,现在广西的注册岩土工程师继续教育的课也是我在上,广西我们专业这一块记录员和编录员教材我也是主编主审,课也是我在上,所以说每年都有几百上千的学生吧。可能广西做这块的记录员和编录员大部分是我的学生。

——1989级地下建筑与工程系校友

二、社会栋梁

勇于承担社会责任、甘于为祖国建设奉献力量,让同济人赢得了良好的社会声誉,1937年同济建校30周年校庆,时任上海市长俞鸿钧就在讲话中表彰了同济人的杰出贡献,指出同济人"在社会服务极众,贡献尤广,可见同济学生在校时能'学其所用',毕业后复能'用其所学'"。2007年,习近平同志在同济大学建校100周年庆祝大会上这样概括同济人的社会贡献:同济的100年,是与中华民族命运休戚与共的100年;同济的100年,是与祖国科教事业心手相牵的100年;同济的100年,是与上海城市发展相濡以沫的100年。

在此次访谈中,许多校友谈到同济人应当注重"培养"(380)、"社会"(320)、"情怀"(234),在锻炼"技能"(172)的同时,做到二者"兼具"(85),成为社会栋梁。

(一) 服务社会

无论在什么岗位上,同济人始终秉持"同心同德同舟楫、济人济事济天下"的情怀,把建设祖国、服务人民置于首位。严谨、踏实的作风,深厚的专业功底让同济人有机会在中国城乡建设中发挥重要作用,自然就造成了一种现象——"凡是有建设的地方就有我们同济人",这是不少校友自豪感的来源。敢于突破、敢于创新,以"严谨"闻名的同济人,并非只知墨守成规,而是以科学态度谨慎对待本职工作,并在此基础上创新发展。同济人的每一次创新,都蕴藏着巨大的能量,推动了祖国的发展。

1. 有建设的地方就有同济人

有校友自豪地表示:"凡是有建设的地方就有我们同济人","只要我们涉及的这些学科里面,我觉得同济人应该都是顶尖的"。

> 同济人在市政建设、环境建设、环境规划,包括桂林的自来水、污水等基础设施建设,都发挥了很大作用,涌现出了很多的领导者和技术专家,主要的设计院院长都是同济的校友,其实并不多,但是在行业中都是领军人物。
>
> ——1989级道路工程专业校友
>
> 咱们中国现在赶上了一个城市化的阶段,在这个阶段同济能够做的贡献应该还是很多的。因为我们同济本来就可以说是一个"中国建筑大学",我们的门类是最齐全的,我们的作战历史是最长的,在这个时代我觉得我们的话语权、我们的专业比重应当是非常非常高的。
>
> ——1988级建筑专业校友
>
> 珠海也有两位市领导是我们的同济校友:一位是已经退休的市委常委,一位副市长是我们79级城规的校友。经营这个酒店的董事长校友就是民营企业家。应该说我们

的杰出校友不少,特别是改革开放前沿地区的更多,内地偏少。在发展最快的沿海和发达地区或者省会城市都发展得不错。在改革开放这些年,我们优势的理工科专业校友在多个领域发挥着聪明才智,也造就了很多国家栋梁,包括多位建设部、科技部和交通部部长,还有一批优秀的院士。

——1989级道路工程专业校友

我也自豪,1985年就来参与建设珠海经济特区,是第一批。好多建筑物当时来讲是从来没有过的,比如那个五星级的酒店——海湾大酒店,当时就是我们设计院设计的,还得了奖;石景山旅游中心、中级人民法院也是我们设计院设计的,有我们同济大学的一份,同济的校友都是里面的骨干。这是蛮大的贡献了,珠海经济特区有我们同济人的一份血汗、一份力量、一份智慧。同济大学在珠海来讲,声誉还是蛮好的,没听说同济哪些不行的,这个还是得力于我们同济的教育、对学生的培养、对校友的关心。

——1952级建筑设备专修科专业校友

2. 从零到一的创新

"严谨"和"创新"都是同济人的精神内涵。以严谨为前提的创新才是有效的创新,而没有创新的严谨就近于迂腐,不利于在实际工作中取得突破。对于锐意进取的同济人而言,严谨地创新,就是同济的活力和源泉,创造了很多领域的"第一次"。

我对这种锐意进取的同济精神的印象是很深的,同济人有一种敢于拼搏的精神,就是不服输,不管在哪个行业,都能够往前冲。

——1977级城市道路与桥梁专业校友

我有一个最好的同学在航天六院,没有他就没有杨利伟"上天"。他解决了什么问题呢?神舟飞船上天的飞行状态、控制状态必须在一个实验室里模拟、处理,全部模拟完了才能上天——因为有可能出现问题。他是做实验平台的一把手。他是一个关键性的(人物),是从零到一做起来的,不是从一到一百。从无到有是他做的,后来再进行扩大、精细化、提高。我认为他是目前同济在航天领域做出最大贡献的人。他的同事对他的评价是"他的水平不亚于前面宣传的'两弹一勋'的功绩"。只是没人宣传他而已,他应该是咱们同济宣传的对象。他真正是为国家做出事情来的人,将来应该好好宣传宣传他。

——1983级数学系校友

3. 共济共强

无论身处哪个行业,"同舟共济"都是同济人的信仰。同济人不仅要"自强",还要"共强"。同济校友中也有企业家,他们心目中的"同舟共济",可以是"以商业手段达成公益目的"。

我们当时还有一句话,就是"聚似一团火、散若满天星"。我觉得同济人自强、共强就是做到这一点了。

——2001级工业工程专业校友

校友会、学校的领导也是一直在倡导"同舟共济",就是说校友互相帮助。在我所了解的院校中,同济在这方面做的可以说是名列前茅的。

——1981级铁道工程专业校友

我始终认为,做事要用商业的手段,有着公益的目的,而不能用公益的手段去达成商业的目的,人不能功利心太强。我也不知道这个是同济带给我的,还是这么多年我所受教育的过程带给我的。

——2005级地下系校友

（二）引领社会

同济人始终坚持爱国主义的情怀,脚踏实地、自强不息,同时胸怀天下,以"济人济事济天下"为己任,引领着社会的风尚。2007年百年校庆之际,温家宝总理在同济大学建筑城规学院向师生们作了一个即兴演讲,其中讲到:"一个民族有一些关注天空的人,他们才有希望;一个民族只是关心脚下的事情,那是没有未来的。我们的民族是大有希望的民族！我希望同学们经常地仰望天空,学会做人,学会思考,学会知识和技能,做一个关心世界和国家命运的人。""仰望星空",就是要有理想与情怀,所以我们既要"脚踏实地",也要"仰望星空"。

1. 脚踏实地

"踏实"是不少校友对同济人特征的总结之语,是同济人的一大特色。这样的特点使得同济人容易受到认可和信任。

同济人最大的优势,我认为也是立命之本,是脚踏实地,一直很实在。优势和劣势都是这个,可能完美是不能强求的。同济要想和其他高校比有特色,可能也确实需要这一点。脚踏实地是我们的立命之本。

——2010级建筑工程管理专业校友

同济的学生太踏实了、能吃苦,特别能战斗,任劳任怨、兢兢业业的,干工作一丝不苟。现在社会上对同济非常认可,在这样的作风下,同济学生的技术特别好,不论到哪个单位,让同济的学生干活肯定没问题,比较放心。

——1985级道路交通专业校友

我们百年校庆的时候,温家宝总理就提到,我们同济人就是过分地脚踏实地,要求我们要仰望星空。这个在我们同济学子里面也传遍了,大家现在开玩笑都说,"要多仰望仰望星空"。毕竟我们理工科的,不允许我们乱来。建筑是百年大计,你如果稀里糊涂一点、乱一下,可能就会出事情。所以大家进了同济就自然而然受到学校的感染,必须严谨。你再怎么跳,前提都是严谨。首先这种基本的思路、理念、整个学校大的氛围告诉大家,既然选择了同济,是理工科的一所学校,如果基本的严谨这一点都做不到,那要么你别混了,要么你就不要进同济,就是进了同济,以后你也没得混。

——1989级暖通专业校友

小的方面说,你能做好自己的本职工作,就是对社会一个很大的贡献。你能把自己的工作做到最好,这本身就是很重要的。社会就是组织和个人构成,你个人能做好自己的工作,就很好了。踏踏实实,在自己岗位上能做到很极致。

——1964级混凝土及建筑制品专业校友

2. 自强不息

对于自身发展,同济人一直有着严格的要求。坚持努力、不怕苦难的精神,是支撑一代又一代同济人突破、创新、发展的不竭动力。

> 我能体会到所谓的自强不息就是你要坚持下去,碰到困难,你要不怕这种困难,脚踏实地,这就是实干的精神,是一个能够坚持不懈,敢于挑战困难的精神。

——2000级医学系校友

> 其实我觉得同舟共济、自强不息,结合我自身来讲,就要有体育生的这种不怕吃苦的精神,利用超强的毅力来克服困难,利用团队合作来克服困难,发挥自己的所长去完成一些很艰巨的任务,我觉得这是对同济精神最好的诠释。同舟共济、自强不息,这是讲奋斗、讲担当,责任的担当。

——2009级市场营销专业校友

> "同舟共济、自强不息"说得很好。企业发展的初级阶段和企业家的个人魅力、个人能力还是有很大关系的,我觉得同济精神就体现在这里。"同舟共济"就是很多校友、同学都互相帮助;"自强不息"就是说,别人再怎么帮你,首要的是自己要帮自己——自己先要努力,别人的帮助才能起作用。

——1989级桥梁工程专业校友

> 遇到许多挫折,会发现有很多人你难以超越,有时会很泄气。但同济给我的一个理念,就是要坚持。还是说前天的讲座,讲安藤忠雄的,70多岁,拳击手出身,也不是专业出身,就是靠坚持。尤其十几、二十几年做一件事,想超越自己真的很难,还要不断创新,得到别人认可,这需要很执着的坚持。

——1994级风景园林专业校友

3. 胸怀天下

无论是为革命奔走呼号,还是积极参与祖国建设,同济人以实际行动践行着"济天下"的信念,具有强烈的社会责任感。有校友认为,由于同济是德国人创立的学校,成立之初就有国际背景,所以相对于其他大学,更加开放,包容性更强,从而造就了兼收并蓄的同济性格。同济人的胸怀天下,一方面表现为承担社会责任,另一方面就表现为兼容并包的气度。

> 同济人在做事的时候可能更多地有一种社会责任感,我觉得他们对学生的培养也是非常非常负责任。这种负责任是对每一个学生和学生家庭负责,从大的方面讲是对国家负责,当然我相信咱们国家大多数学校可能都是这样的,但是因为我在同济待得久

一点,同济给我的这种感觉更深刻。

——2012级道路与铁道工程专业校友

它不只是自己沉淀在这样一个学术氛围里,而是引导大家以后多为社会做贡献。同时在学术中,大家又是同舟共济、互相帮助、各取所长,就这样一个学术影响。

——2009级建筑系校友

我觉得同济是兼收并蓄、海纳百川。比如说本来和德国联合得比较多,现在又和法国、意大利有合作,聘请知名教授,海纳百川。

——1983级工程机械专业校友

我对同济精神的理解,跟这个社会情怀有关,就是"同舟共济,济人济事济天下"。一方面脚踏实地做事,另一方面,你的目光要朝上,要看得到更高的东西、更高的层面,不只是为活着而活着,不只是为了研究而研究,不只是为了工作。

——1989级环境专业校友

我原来并不是同济本部的,但是我能感受到同济的包容性很强,而且我觉得这个包容性,确确实实应该继续发扬光大。要想建设世界一流大学,就应该在这方面(继续)。

——1981级铁道工程专业校友

因为我本身学医的,"济"这个字对我意义很大,悬壶济世嘛。还有一个是"聚似一团火、散若满天星",这样两句话对我影响非常大。一个是胸怀天下的气度,一个是团结友爱。

——2005级临床医学专业校友

(三) 社会影响力

创校至今,同济大学先后培养了30余万名毕业生,造就了一大批杰出的政治家、科学家、教育家、社会活动家、企业家、医学专家和工程技术专家。今天的中国社会,严谨踏实的同济人在各个行业发挥着重要的作用,已经成为社会的中坚力量;同济精神也得到社会的普遍认可,并通过千千万万的同济人传播开来;各校友组织在中国甚至世界各地也发挥着重要作用,进一步延伸了同济的社会影响力。

1. 社会中坚力量

受访校友普遍认为,同济人在整个社会扮演了非常重要的角色,可以说是社会的中坚力量,是支持祖国发展的"脊梁骨"。

同济人在整个社会是中坚力量,他们做着稳稳定定的事情,各个领域的同济人一丝不苟地扮演着他们的角色,同济人真的很像德国人,这个文化继承得非常好。

——1987级城市燃气专业校友

同济做得比较多的都是比较现实、比较实际的一些事情。我觉得我们都是那种默默无闻的,但其实都是社会发展的中坚力量。

——2008级交通规划专业校友

我认为是为很多行业贡献了基石一样的人才吧，好的方面是非常严谨，思维逻辑性非常强，这和大学学业训练过程扎实有关系，所以在进入企业这个环境的时候比较容易出来。

——1997级机械与自动化专业校友

两个字——脊梁。不是脑袋，也不是手脚鼻口，很多事其实都是我们同济人担起来的，贡献应该是从社会层面看的。很多工作岗位，即便一把手不是我们，可那个最重要的副手很可能就是同济人。

——2010级建筑工程管理专业校友

2. 同济精神传播

同济人严谨、务实的精神，不仅塑造其自身的气质，也会通过其言行传播开来。这既是同济人社会影响力的一种表现，也是同济人对社会产生贡献的一个方面。

我觉得同济人对社会最重要的贡献，是贡献了同济人独有的气质，这种气质就是务实、严谨、勤奋。这是一个非常大的同济人标签，属于一种人文情怀的贡献。

——1999级工程管理专业校友

同济人对社会的奉献，我想主要是一种踏实的作风吧，自身素质比较好，掌握技术也快，情商不低，这样的人我想不是业务骨干也比较难。

——2000级临床医学专业校友

因为他自身的优秀品质，他会影响周围的人，让周围的人跟他一起有一个向上的状态。

——2012级道路与铁道工程专业校友

我们也要为员工多做贡献。在这家公司里，工作能有成就感，生活有幸福感，学习有进步感，体现出人的价值，这也是我们公司的理念。所以公司文化里，我们也很关心员工。我们年轻员工比较多，我们自己组织相亲活动——自己内部的非诚勿扰，大型的相亲活动。牵手成功的话，公司出钱，8天巴厘岛浪漫游。好多牵手成功了，结婚了，我们出钱帮他们办婚礼。

——1959级建筑塑料工艺专业校友

3. 校友会的作用

校友会是加强联系与交流、服务广大校友、弘扬学校精神的组织，能有效加强校友与学校、校友之间、学校与社会之间的联络，促进信息互通。同济大学校友会拥有多维的组织网络，包括地方校友会、海外校友会、学院校友会、行业/兴趣类联谊会等，以"服务校友、服务母校、服务社会"为宗旨，进一步服务广大校友，弘扬同济大学的严谨求实、团结创新精神，为母校发展、国家现代化建设做出积极贡献。校友们认为，进一步加强校友会的建设具有重大意义。

去年我组织他们参加了重点高校广西校友足球联赛,基本上是"985"高校,我们都比较团结,我们足球队有几十个人,成绩也不错,在各高校中反映也很好,觉得同济比较团结,一场、二场、三场都比较好。我作为我们高校的唯一代表在开幕式和闭幕式中发言,整个同济精神在这里面还是得到了体现的。借着这个东风我们又组织了同济大学五十几个校友参加南宁市解放日大型马拉松比赛,效果也挺好的。那天我们同济大学在高校中人是最多的。我们拉着同济大学的旗子在那里跑,路上还捡了几个校友,他们也经常喜欢来我这里喝茶聚会,关系还是不错的。但是我们希望有更多成就更好的校友起到一个表率作用,发挥同济精神。

——1989级地下系校友

校友会要做得好,一个是对校友要有帮助,让大家感受到这个大家庭的温暖。其实在美国、在欧洲很多国家,校友会就是一个社区,培养这种社区文化。我们初进同济时大家来自不同地方,但进来以后就像一个大家庭,像兄弟姐妹,我觉得大家应该互相帮助,尤其是一些有成就,或者说有能力的校友更应该支持校友会工作,并且大力帮助年轻校友。有的校友可能觉得帮忙会麻烦到自己,或者觉得自己高高在上,这是不对的,这样下一代的人看到上一代就会心灰意冷,失去信心。相反如果你能帮这些校友一起成功,他们也会帮下一代,整个同济的声誉就起来了……其实这就是一种传承,你帮了这一代,这代帮下一代,才能有一家人的感觉,才会觉得校友会有凝聚力。如果每年的校友会都是大家交交钱一起吃个饭听领导讲几句话,大家就散了,过几年大家都不来了。并且同济毕业的我们这个行业的很多,大家可以互相学习共同进步。另外,我觉得学校和校友之间可以有更多交流。比如,我们一些校友在工作中有什么问题,通过校友会这个平台,学校能给予一些沟通和指导;在外面创业的同济学生如果需要什么技术上的指导、项目上的合作,也应该有一个更紧密的通道。这方面我觉得可以进一步发展,如何让同济学子依靠学校这个平台在各个地方、各行各业发挥更大的作用,因为大家都是信任学校这个平台的,同时我们也需要得到更专业的指导。

——1989级地下系校友

有校友认为同济的校友会工作还有待加强,他们也提出了一些建议。

清华抱团很厉害,相互帮助,我们同济还是缺乏别人的这种人文情怀。虽然一直说同舟共济,但是这个同舟共济的精神没有在日常生活工作中得到体现,我们这些中青年也想发挥这种精神,但是力量不够,我们还是希望一些更有能力的校友抛开各种顾虑把校友会工作做得更好,使大家更团结、互相帮助。比如,我们广西校友可以成立一个公司,一个基金会,然后选举人管理从事一定生产,这样校友会也有经济来源。像现在靠一两个人来赞助我觉得是不长久的,挂在一个单位名下永远靠他来赞助,好像是要看他脸色行事,或者说每次聚会都靠校友捐一百块钱吃个饭,都是不长久的。我觉得校友会的长久发展还是要成立一个校友基金会,或者说是成立一个校友按行业参股的公司,这样对校友会的活动和发展才是长久的。

——1989级地下系校友

校友联络率是衡量校友会工作的一个重要指标，这是一个拿得出来的数据，但我认为相对于这个硬邦邦的数据，保持日常联络可能更为重要。校友们都十分关注母校的发展，也希望自己能做出一些贡献。学校也表示，校友是母校发展的重要力量。因此，我觉得我们在制订规划时，要明确学校哪些工作是需要校友参与或者通过校友来做的，比如教学科研、人才培养、大学生创业等，有个目标，然后确定一些具体的指标，指标体系最好能够丰富一点。针对不同类型的校友，要有具体的分类设计。比如退休的校友，可以通过他们传递学校的社会影响力；在职时间较长的校友，有实力为学校多做贡献，既可以是经济上的，也可以是思想、智慧上的；刚毕业的校友，可能更需要学校、校友组织去扶一把；校友们在加强感情联络的同时，也有沟通信息、相互支持、相互帮助的需求；校友所在的单位，有政府的、国企的、民企的、学界的，他们对学校做贡献的方式也是不一样的。所以，在搭建平台、策划活动时，需要针对不同的情况进行分类设计。

——1983级管理工程专业校友

4. 同济人的社会评价

了解社会对于同济人的整体评价，有助于我们把握目前同济人才培养成果的整体特征。从校友访谈的结果来看，大家首先承认同济在优势学科领域拥有很高地位，为国家培养了栋梁之才，但是也指出同济人存在"不会展示自己的成果""缺乏领袖思维"的劣势。

好像同济的学生培养出来不是拿去做大佬的，大佬是清华、北大、复旦的人来做。同济的人是来做脊柱的。就说他们对社会的贡献我觉得是一种潜移默化的东西。对于那种很亮眼的贡献实际上并不多见，但是在自己的岗位上，所做出的贡献不是那么容易被看到的。比如土木从业人员很多，你真正能看到的顶多就是现场施工的，但是同济很多不是做现场施工的，比如前期勘测，做柱体设计的，这些人你不常看到他，都是幕后的。

——2004级物理系校友

同济最大的优势是它有广泛的社会认可度。其次是有广泛的校友，会让你有圈层认同感，那么你面临的很多东西都会简单很多。再者就是广泛的资源给你带来的一种便捷程度。

——1987级城市燃气专业校友

我听得最多的就是同济的学生比较务实，复旦的学生比较侃侃而谈。

——2006级英语系校友

相对而言同济人的优势是基础扎实、做事务实，劣势是不太会展示自己的成果，是工程师思维而非领导人思维。

——1998级环境工程专业校友

在一些很具体的领域、岗位，同济人给人的感觉都是兢兢业业，很务实，从政管理这一块好像不是同济的强项。在一些单位的负责人、技术骨干里,同济人的概率可能会高一些。

——1982级地下建筑工程专业校友

三、人才培养反思

以上我们从专业精英、社会栋梁两个层面详述了同济人的社会贡献,可见,同济在人才培养方面已经取得了不俗的成果,受到社会各界的一致认可,然而,却不可因此而停止前进的步伐。对于"人才培养"这一问题,校友们的回答主要集中于"社会"(229)、"需要"(228)、"校友"(138)、"学科"(113)、"技能"(102)等词汇。

必须认识到,我校在人才培养方面还有几点需要深入思考、进一步强化的。首先,在创新人才培养方面,不少校友提到同济人要激发出创造力;其次,同济校友中领袖人才较为缺乏;再次,在人才培养方面还应强化综合素质。

(一)激发创造力

创造力,是这个时代我们一直在谈论、一直缺少、也一直在试图激发的东西。校友们认为同济应该培养多元领域的人才,能在自己的领域中激发出无限创造力的人才。

> 我觉得应该把握住世界的潮流去发展。同济现在做可持续发展这块,我就觉得很好,给学生多元化的选择,我们不仅要培养工程师,也要培养其他领域的人才,比如管理方面的专家等。同济是一所综合性的大学,我觉得要给学生多一点自由选择空间。斯坦福虽然原来是从工科开始的,现在它的管理很强,金融也很强。同时,同济也要注重创新精神的培养,在创新领域走得更远。突出优势学科,那么同济就有可能成为中国最顶层的大学。

——1987级城市燃气专业校友

> 同济在创新方面也还是有一些欠缺的。上海交大也好,复旦也好,学生上进心强,将来走向社会的压力也比较大。同济的感觉是,你从同济走出来进入社会,没什么压力,有点这个味道。

——1982级地下建筑工程专业校友

也有校友认为,在当前同济的培养模式下,在一些专业性不是很强的岗位中,特别是政府部门中,同济毕业生的竞争力比较弱。

> 因为我们很多东西没有培养出来,我们太多的时间花在"专"和"深"的东西上。我是学计算机的,我经常会思考一个问题,我们能不能出现一个乔布斯?校长也说到社会贡献,我们的学生应该怎么样创新创业?我觉得改变世界的人,就是像乔布斯一样的人,他的创新创业,改变了很多东西极大地推进了社会的进步,推动了生产力的提高。

举一个比较简单的国内例子，像微信这样的软件，让我们学校软件学院的学生开发，可能一个月也能开发出来，但是我们为什么不出这样的企业家？或者说我们学生创业的东西就没有那么好？我们当时本科毕业出来是很风光的，一年年薪20万很多的。我考虑的是，校长讲的创新创业，当我们能有完整的公司运营，创业的思维，然后配套一些金融知识，可能我们的学生会走得更好，而不仅仅是我们的学生很畅销。这个很重要，能解决大部分人的问题。

——2006级软件工程专业校友

（二）培养领袖人才

同济很长一段时间内对自己的定位，是一个培养工程师的学校。更多的同济人走上社会后都是默默耕耘、默默奉献的。但是，同济人中却比较少走出一些领袖型人才，在这条路上，同济依旧任重而道远。

同济学生的基本功都是比较扎实的，但略显古板，多余的话一句都没有。我们坐在一起聊产品的时候多余的话一句都没有。

——1985级机械制造工艺设备及自动化专业校友

同济人的贡献更多是默默奉献，你看不见摸不着。有些虽然可以摆在眼前，但是你没法清晰描述，这就是我所说的同济的一个弱点：缺少突出的领袖型人才。李国豪那个年代是有的，但到后面可能在技术行业中干实业工程的，不管是哪个专业，更多变为默默奉献了。

——1993级工民建专业校友

我想还是和同济的文化有关系。同济人比较谨慎，比较求稳，缺乏一种胆量。吴校长也说过，同济出不了大咖级的人物，它就是比较求稳的一种思维特点，这种思维就是干好事情，把事情做好，战略性的东西少了一点。战略性的眼光、布局未来（的能力），我感觉在同济是少了一些的。

——1983级数学专业校友

（三）培养综合人才

同济大学经历了长期的以工科为主的学科发展历程，除传统优势学科之外的其他大部分学科发展尚不够充分。很多校友都提到，同济应该更加重视人文社会科学，并着力培养具备综合素质的人才，并且要从学校的历史中挖掘学生德育素材。

人文学科、社会学科应当得到重视，政经法律以及重大决策对这个社会的影响绝对不亚于科技动力。换句话说，制度和管理如果落后科技发展太多，科技这把双刃剑带来的不是进步，而是毁灭。

——2010级建筑设施智能技术专业校友

我认为同济不应该只培养有知识的工程师,还要培养有文化的建设者。这些人视野更开阔,他的社会责任感和观念使他到以后的工作岗位有更大的作为,而不是死板地做一个工程师——可能会引导这个行业的发展,做出更大贡献。如果只有知识,那就是个工匠、合格的工程师,只是某个专业的佼佼者,而不能为这个社会的推动做贡献。所以我觉得文化这个东西很重要。我觉得我们国家这种教育把文科理科分那么明显很不利:一个是理工科生学好数理化以外,对人文东西了解太少,对他的成长是有限制的;另外我们文科生,虽然读了很多中国文化的东西,其实大部分没有很深入研究,所以这个是相辅相成的。理工科生一定要有人文知识,才能把自己的作品、工作、思路做得更好。如果你没有哲学观点,没有历史知识、人文知识,你想把工作做得很好是不可能的。但是文科生如果没有把数理化学好,那么你对这个世界的科技发展、对这个世界的基本原理都不了解,你怎么能提升自己、完善整个哲学观念呢?所以文科也好、理科也好,不应该分那么明显,应该是通融的。文科生应该学理科的基本东西,理科生也要学习文科的东西。我平常看书都是看文科的多,人文、历史,比如广西文化、防城港文化、我们这边的语言、东南亚的风土人情、语言文字、历史这些,虽然不说是深入了解,但是了解得算比较多。有空的时候跟他们交流这方面的东西,或者去研究一下这些东西,对你的成长、交流是很有帮助的。

——1989级地下系校友

(四)拥有历史的眼光

一位2008级土木工程专业校友提出:"同济是一所历史活在当下的学校,而不像有些学校就是空有历史了,同济它很多地方可以让人感受到。"而这些可感的历史,正是教育和培养学生的良好素材。

同济的历史实际上是每一个学生的教科书,同济从建校到内迁、再回迁,看同济在历史上的建树、对国家的贡献,那些东西,可以这样讲,学校的历史和学校里的那些英雄谱,对每个人的发展,至少是非常非常重要的,因为那些前辈们都做出了巨大的贡献,所以我认为这些东西是取之不尽、用之不竭的一种精神动力。所以我在工作中经常引用一些学校里面的情况。

——1983级计算机科学与应用专业校友

一个学校要发展得更好,在文化传承方面很重要。我个人比较喜欢看历史,中国台湾的、美国的、英国的、日本的都会综合看,然后自己思考和吸收。我也喜欢看同济的历史,其实很多人都不知道同济是怎么发展起来的,期间是怎么样的,如何调整的。所以同济大学的校史应该每个人都要去看的。……同济大学发展到今天有盛有衰,当然知名度没有解放后的老八所或者解放前的国立大学那么好,但是现在也还不错。每个学校发展都跟国家政策、社会发展、技术发展有关系,要辩证来看,都有兴衰时候。但是你了解同济的历史以后,你会更爱这个学校,你会更有情怀。所以我觉得,历史的东西,还有同济培养了哪些人、这些人做出了哪些贡献、有哪些同济情怀,这些应该宣传给每一个同济人,让他以同济为荣。作为同济学子,你要有责任感你出来是代表同济的,要对得起这个历史。

——1989级地下系校友

第四节 校友对母校发展的意见与建议

校友,是一个学校发展最弥足珍贵,也最可信赖的力量。他们见证了同济的昨天,注视着同济的今天,憧憬着同济的明天,来自他们的意见和建议是同济师生的宝贵财富,也将为同济下一个百年的发展助力。

本节从学校建设、学科发展、资源整合、个体成才四个方面来总结校友对于同济大学发展的意见和建议。

一、学校建设——办世界一流大学

雄关漫道真如铁,而今迈步从头越。同济已经走过110多个年头,如今,我们要考虑同济的下一个百年应该是什么样的,应该在社会发展中扮演什么样的角色,这都是校友们非常关心的问题。"同心同德同舟楫,济人济事济天下"一直是同济人的社会情怀,学校的发展始终是与国家命运紧密相连的,只有扎根中国大地,与祖国同行,以科教济世,才能真正将同济大学建设成为中国特色世界一流大学!

2015年10月24日,国务院印发《统筹推进世界一流大学和一流学科建设总体方案》,国家对各高校提出"建设一流师资队伍、培养拔尖创新人才、提升科学研究水平、传承创新优秀文化、着力推进成果转化"的总体目标。自此,办世界一流大学也成为同济为之奋斗的目标。而校友们虽然已经离开了校园,却依然心系母校。梳理校友们对于学校建设的建议,大家最多提到的是:"创新"(363)、"人才"(341)、"发展"(133)、"培养"(113)、"老师"(113)等,校友们主要提出以下六方面的意见和建议。

(一) 发掘同济大学创新潜力

在《统筹推进世界一流大学和一流学科建设总体方案》的总体目标中,国家明确提出要"培养拔尖创新人才、传承创新优秀文化",可见在走向世界一流大学的路上,发掘创新潜力是同济面临的一项非常重要的任务。面对创新问题,校友们为学校提出以下三点建议:

1. 勇于尝试,多折腾

一个学校如果没有强势学科帮你去做开路先锋,没有大量的优势学科做铺垫的话,这个学校是没有资格折腾的,包括在校的学生也不应该折腾,学校领导也不应该倡导折腾,应该关注学科本身的建设。但是我们其实已经到了一定的程度了,第一我们有王牌学科，第二我们有优势学科，第三现在社会已经发展到了一定阶段，那我觉得同济发展到了现在的阶段，应该去多尝试，多折腾。哪怕犯错了我们也有底气买单，以前是没有底气去买单，那不能折腾啊。

——2000级土木工程专业校友

我们有句古话叫"抱定青山，三百年矢志不变"，意思是我定下了我的发展目标，就应该一步步分解落实，去考核每一步是否达到了，经过长期的努力是一定可以达到目标的。

——1992级国际企业管理专业校友

折腾的东西远远比学到的东西重要多了。我现在反思大学的教育，我不同意有那么多的工科，现在老师在课堂上讲的东西80%、90%的都是不必要的，百度上都搜得到的，但是恰恰相反，那种思辨才是大学所必须的，所以university这个单词是怎样来的呢？是来自拉丁文，它原来的意思就是论坛的意思，而不是坐在一起去学那个具体的知识。

——1987级城市燃气专业校友

2. 利用社会资源、平台来创新

如果不结合到社会的发展，二者同步起来，或者利用一些社会的资源、平台，可能还是有一些遗憾的。现在各地的一些知名高校利用地方提供的一些平台的优势，打造了一些产业、创新课题的研究，都有互利的方面。像在我们江西这边，清华、浙大、北大基本上会渗入着搞一些产业园、工业园之类的，但感觉同济这一方面比较保守，有一次座谈一个地方官员也谈到了这个。我认为这个也还是跟创新有关，因为创新是有风险的。你按部就班、因循守旧就没有太多风险的，同济目前，除了在上海，同济设计之外，在全国我还不知道哪里有同济的元素，像工业园之类的存在。

——1982级地下建筑工程专业校友

3. 吸引具有创新精神的人才

现在的情况是，同济不可能有各地的高考状元进来，同济现在的录取分数线比复旦在各个地方要少那么一大截，这个是目前同济竞争方面的一个劣势吧，但恰恰这拨人是最有创新能力的。现在同济把自己定义为可持续发展的世界一流大学，那么就应该掌握这个人才培养的规律。因为每个班级的状元不一定是未来社会最有贡献的人，十名左右的人才是最有创新能力的人，同济刚好吸引的是这批人。所以同济能不能办成像战时的延安那样，有志青年都去了延安，能不能有创新精神的人都来报考同济，这是同济未来能不能成为上海Stanford（斯坦福大学）的关键之所在。

——1987级城市燃气专业校友

斯坦福在美国的西部，是从沙漠里冒出的大学，它能够跟东部的哈佛和耶鲁齐名，是因为斯坦福的创新是全球第一的。所以校友认为同济应该大力在创新方面挖掘学生的潜力。

(二) 提高学生的综合能力

在人才培养方面,校友们希望同济培养出的校友具有独立、健全、健康的人格。同时,要想让同济人一代强过一代,适应正在变革中的社会,就要提高学生的综合能力,具体包含以下三个方面。

1. 创造不同学生交流的环境

有校友认为应该多创造环境,让不同专业的学生在一起交流,就算不是专业交流,也可以交流感情,或者做个朋友。

> 我跟其他专业人聊天的时候,第一个,让我的眼界更加开阔,我不会再局限于自己的这个一亩三分地。第二个,这个时候,有些灵感或者思路,可能就出来了,因为很多东西其实是相通的。我觉得现在社会上,不仅需要专业的人才,其实有时候也需要通才,所以通常就是说,你在这个专业你不需要了解特别多,只要大家说出来能听得懂,你什么都懂一点,这种人可能比只懂那么一点点或懂得很深的人更好,或者是混得开。
>
> ——2000级临床医学专业校友

有一位校友以幼儿园小朋友为例,讲到了学校加大推进跨年龄、跨专业、跨院系的学生相互交流的重要性。

> 学校在交流方面,尤其是跨年龄的、跨专业的、跨院系的交流应加大力度推进。以幼儿园的小朋友为例,两帮孩子,一帮人自己坐在屋里做题,一帮人在一个屋子里一起做各种事,音乐、画画等等。相比较而言,一定是一起做各种事的孩子们更亲密。虽然在专业领域,凭借韧劲和认真去做一些事业还是同济的特长,但是确实现在社会对交际能力、整合资源能力的要求还是更多一些。不管是为了创业,还是提高在社会上发展的能力,学校应该鼓励交流,比如跨学校去读研,跨学校去进修等等,这个是有好处的。当然,专业范畴内的进修和发展,这个优势也不能丢。另外,不同文化上的碰撞,经常能创造一些机会。这中间很多火花,就是源自在社会上跟很多人的交流碰撞产生的,而不是闭门造车。所以学校应该引导学生更多地进行跨专业、跨学校、跨平台、跨年龄的交流。现在学校学生会工作比以前还多很多,但相比北大、清华之类的学校,学生之间思想上交流的机会没有这么多。
>
> ——2000级电气工程系校友

2. 建立学生辅导员制度

> 清华为什么输送那么多政界领袖人才,跟它的辅导员制度是很有关系的。它在大三大四的学生里就培养辅导员,所谓的"双肩挑",不仅管自己的学习,还管那些小师弟、

小师妹，辅导他们的学习。其实在这个辅导的过程中，他自己的能力就得到了培养。这些辅导员其实是今后向社会各界输送的管理型人才。当然清华可能平台更高，但是这个制度也从学校开始就培养了政界人才，不光是我们这种工程领域的人才。我感觉它这个辅导员制度，是跟政界有一个桥梁作用的制度。

——1982级城市规划专业校友

3. 学习全面而广博的知识

一个人的成功除了学好本专业知识以外，一定要知道很多相关知识，校友认为"博览群书、触类旁通"很重要。

一个人的成功除了学好本专业知识以外，一定要知道很多相关知识，比如历史、人文、风土人情。其实同济对我印象挺深的是我们有一位园林专家叫陈从周，可能你们不知道了，他是学中文出身的，但是是我们中国园林里面首屈一指的大师。我们系有些老师学地质出身，他们也可以做规划，所以触类旁通、博览群书很重要。一个人要成才除了具体的专业知识以外，没有很好的其他方面的知识，那你只能是有知识没有文化。做建筑也好，规划也好，如果你只能按照书本上的来做，那你只是个工匠，你永远成不了"家"，没有自己的东西。我认可做出来的东西都是有它的历史文化渊源的，你的建筑物是可读的，你的东西是有文化的、可传承的。

——1989级地下建筑与工程系校友

我在同济爱上了文学，正如我在自己的诗集封面所说的："也许在接下来的岁月中没有了诗歌，但是它深入你血液的那份热情、那种对美的追求、那种对文字的追求是一生不变的。"同济给了我文学的血脉，给了我思辨的能力，给了我独立思考的方式，我认为这些都是陪伴我终身的，这个比老师在课堂上讲的东西重要多了。

——1987级城市燃气专业校友

（三）建设包容性人才培育平台

办学，不仅要有严谨求实的态度，更要有博大包容的胸怀。同济是百年老校，欲创世界一流大学，在培养人才方面需要提升包容性。同济的包容性，主要体现在包容学生的个性和宽容学生的错误两个方面。

1. 包容学生的个性

不同的学生选择的方向不一样，有的喜欢科研，有的喜欢设计，有的喜欢商业，有的就喜欢做工程师，志向不一样在学校里头就可以通过选修一些课程，自由去选择兴趣和锻炼能力。有些人就喜欢做工程师，我把我的专业做好、做顶尖，也是一种成功嘛，但是不能都要求一种模式，实际上那也是不可能的。

——1980级地下工程专业校友

毕竟学生在学校学习的精力是有限的,应该让他们朝着自己愿意的方向来做,学校就应该给他们提供更好的机会。学生应该有机会根据自己的兴趣来补充他所需要的。学校为学生兴趣提供了资源和平台,适当地引导,自然就会有开花结果的事情。

——1993级给排水专业校友

2. 宽容学生的错误

在学校偶然犯个错误被处分的学生,要说他对学校有多少感激好像不会,这不是他很理想的回头的地方,总觉得他是在这里跌倒了。但是在学校跌倒又爬起来扶得很好的人,可能比其他同学对学校的感情更深。

——1982级地下建筑工程专业校友

(四)健全学校发展的良性机制

1. 拓宽办学资金来源

校友指出,同济大学在扩大办学、改善硬件条件以及学科发展等方面遇到一个比较大的困境:资金不足。原因来自两方面:首先,国家资金支持不足。有校友讲到,清华、北大得到很多国家的拨款,同济大学在上海高校中排名第三,得到的支持也比不上上海交大和复旦;其次,校友捐赠也不足。对于这一点,有校友解释说,同济见长的专业都是工科,毕业生大多都进入大企业工作,相较于创业的校友来说,自然对学校的捐赠就没有那么多了。

站在我的角度来说,我们是80年代上大学的,在我心目中,同济是很厉害的。我当时报了东南大学,但是我放弃了,后来我自己来上海考了同济,因为我是江苏人,在我心目中,南大、南工都不如同济。一年级的时候,我们实习是到浙大去,那里的学风也很好,但是没有上海这种国际化、开放的氛围。但是现在我们的排名下降了,我在想是不是人家得到的资源比较多、进步快,对于我们校友来说,我们支持母校发展都是不遗余力的。

——1986级岩土工程专业校友

同济出来的毕业生里面运作基金还有资本的大家很少。无论是学校的发展,还是学生业余生活的丰富,还有学校的各种科研经费、基础建设其实还是需要很多资金的。如果有足够优秀的杰出校友捐助或者优秀的校友带领,一批又一批同济人参与到社会当中共同致富,同济会做得更好。

——2004级国际政治专业校友

在这样的情况下同济应该如何投入资金支持呢?校友们给出两点建议:首先,同济要加强社会责任教育,也要加强领袖意识教育,并倡导中产阶级校友回馈母校;其次,在同济校友基金的基础上,进一步搭建平台,做好资源整合工作。

同济要加强社会责任教育，也要加强领袖、英雄主义教育。在校友捐助这一块同济排到二三十名，这是因为同济顶级富豪少，领袖少。但是改革开放30年，房地产行业发展，最大的得益者就是同济大学及校友。同济校友中中产阶级是非常多的。为什么不鼓励中产阶级捐钱呢？为什么要去捐个几百万才算呢？人家有超级富豪，一个人捐很多钱，覆盖面就很广了。但是如果同济毕业的中产阶级每人捐十万八万，那也是很多钱的，会比其他学校多，这一块没有好好弄。

——1986级岩土工程专业校友

同济基金做好以后，做一些差异化的东西，对社会的贡献度更大，可以成立一个以同济基金为主的同济银行，这样在社会上的知名度、美誉度、对社会的贡献度，会有很大的提升。靠同济学子公司的力量，有整合起来的可能性。

——1985级管理工程专业校友

2. 整合本土和国际资源

如今高校面临的难题之一就是如何分辨和把握本土化和国际化的资源，整合两者，协同发展。有校友指出我们不能摒弃本土化的优势，应该利用好国内资源，让其发挥最大的力量。

学校和国内外的大企业要挂钩，产学研是一个体系，我们学校的科研成果要转化为生产力，大的公司需要在学校里招到一些优秀的学生，老师也需要一个平台，需要科研经费，所以产学研要做得更好、更大。土木、交通的老师们说我们的老师都是国外聘请过来的。这样的观念可能是错误的，我们的高速公路全世界第一，高铁全世界第一，地铁全世界第一，大型的基础设施包括高楼都是世界第一，有了世界第一流的工程，就要有世界第一流的学科，也要有世界第一流的专家。美国的基础设施已经很多年没有做了，他们的专家可能还没有我们国内的专家经验多。

——1989级公路、城市道路及机场工程专业校友

同时，也有不少校友认为我们不能每天闭门造车，要更加开放、更加国际化。有校友建议在本科阶段，就开始推进国际交流访问制度，需要在学校统一规划及资金投入或者政府扶持下，促进学校国际化的研究水平。

建议就是在本科阶段，就开始推进这样一种交流访问的制度。当然需要学校统一规划或者资金投入，或者是政策扶持，这些都是学校需要研究的东西。一位同济计算机系校友，当年参加了一个去瑞典的两年交流项目，回来之后聊天的时候，他觉得出去之后对自己影响很大，感触很深，看得东西多了。他现在工作也很好，各方面事业发展也很好。当然这和他之前的那份经历是不可分割的，就是他这份经历使得他有了更好的职业规划，有了一个更好的自身定位，这个是你出去看过之后就会发现自身的缺陷在哪里，或者自身想要的东西是什么，国外的趋势是什么，或者说自己有什么样的或者自己

想在哪个方面深造,目标就有了。现在的条件越来越多,越来越成熟,比十几年前好很多。学校提供更多这样的机会,使得不仅硕士生或者博士生,甚至是我们的本科生都有这样一种能力,去申请一些这样的项目,去国外做交流。这个交流不仅是对个人的一个提升,对学校在国际上的影响也是有帮助的。举个简单的例子,现在国外可能就知道中国有北大、清华、复旦、中科大,他们在国外的校友很多。很少有听到我们的校友在里面,当然的确有同济的校友,但是相对来说比例就小很多。同济派出去的学生人少的话,别人对同济的认知度就低,现在在美国提清华,很多美国人都知道,提中科大可能也知道,但提同济,可能知道的人就少。出去的学生多,同济的国际知名度也会提高。

——2004级数学与应用数学专业校友

就学校长远发展来看,本土化和国际化之路是缺一不可的,二者都需要纳入学校长远发展的考量范围内。

3. 建设一流师资队伍

梅贻琦老先生曾说:"所谓大学者,非谓大楼之谓也,有大师之谓也。"同济要想办世界一流大学,建设一流的师资队伍是不可少的。校友们在教师团队建设以及教学方面提出以下建议:

(1) 加大对教师队伍的资金支持和资源支持,吸引优秀人才

一些校友认为,只有资金到位、资源充足,学科的建设才能更加繁荣。若把优秀教师比作磁铁,资金和资源就是吸铁石。只有为优秀的老师创造良好的平台和环境,才能留住他们,促进学科的发展,形成良性循环。

(2) 教师应该摒弃浮躁

> 我们现在有的老师和教授过于浮躁,很少有老师还能把全部身心都放在教学上,更多的是花心思在考核和发表文章上,或者是用来做各种项目上。我们同济也要想办法,让老师们把大部分心思放在教育学生上,就像我们的老教授一样,这可能也是一个社会问题吧,需要我们去改进。

——1982级建筑结构工程专业校友

> 逐渐地现在的教授变成圈养的教授了,不太会想国家的发展战略,包括社会的需要,变成过小日子,就是你能发多少篇论文,能晋升。(教师)变成谋生或者生活的一种手段了,而不是有这种情怀了,我觉得这个不是我们同济,或者我们同济交通人所追求的目标。

——2001级交通工程专业校友

(3) 不以"无用"不教,无用可为大用

> 学了很多没用的知识,这是我最大的收获。你现在觉得没用的东西,以后说不定什

么时候就能用得上,就比如说我们现在做知识产权类的,有很多专利申请要做。当年学了很多数学,觉得太烦了,各种各样的公式,各种各样的计算,我学高数 A,挂科好几次,但在现在工作中,有时还是需要的。

——2004 级地球信息与科学技术专业校友

二、学科发展——文理兼修,全面发展

同济大学作为一所综合型大学,一直强调文、理、工、医等各学科同步发展。回顾历史,我们在很长一段时间都是以土木、建筑专业为领头的工科学校,有校友趣称同济大学是一所可以建造城市的大学,因为同济拥有规划、建筑、道路、桥梁、地下工程、轨道、景观、园林等非常齐全的工科学科,因此只要有同济大学,一个城市基本就可以建起来了,不用再找第二所学校了。但是时代的发展给高校提出了新的要求,在新世纪向综合性大学迈进的路上,面对不断出现的挑战,校友们给出了同济未来学科发展的建议——文理兼修,全面发展。

一直以来,同济比较注重培养在实践中做出杰出贡献的人才,这是学校的特点,是由学科决定的。现在要往综合性大学发展,还是要强化一些文理的东西,只有文理的东西发展起来,大学的排名才能上去。

不少校友提到大学全面发展的重要性,一位校友认为同济人适合当总工,在技术方面没问题,但是在整个社会交往方面存在一点问题。完全强调专业技能是不对的,过于强调社会情怀也是不对的,大学一定是要做到全面发展,但是根据每个学校适合的方向可以有不同的偏重。

报告对"学科建设建议"这一问题的校友回答做了词频分析,排除"专业""学科"等高频词汇,得到的主要词汇有:"需要"(138)、"加强"(127)、"培养"(79)、"学习"(66)、"人才"(61)等。如何做到文理兼修,全面发展?总结校友们对于学科发展的建议,主要得出以下三个方面:发挥传统理工科优势、培养人文历史底蕴、后发学科发展路径。

(一) 发挥传统理工科优势

在此次调研访谈中,一部分校友首先对同济理工科的优势及成就予以了肯定,并希望同济一直保持这种优势。校友们认为优势学科很重要,是一个学校科研实力的体现,优势学科有助于培养专门人才,同济在建筑、土木、交通等学科的优势毋容置疑,但是依然要保持居安思危的心态,这些学科是同济可以形成突破的关键点。

也有一小部分校友认为同济不仅要发挥传统理工科优势,更应该把优势扩大,现在应该做的不是要补齐短板,而是增长长板。

> 麻省理工、加州理工、英国的帝国理工,都是专心于理工专业、国际上一流的好大学,像香港理工大学,它没有几个专业,包括像加州大学的伯克利分校,好多学校专业不多。不是所有的学校都需要建设成为综合性大学,同济应该坚持理工科特色。
>
> ——1989 级公路、城市道路及机场工程专业校友

你这个大学什么专业有优势就做什么,而不是什么都搞,因为一个专业不可能那么多学校都能做得好。同济这方面还是发挥自己的优势就可以了,优势也很明显。

——1999级材料学专业校友

(二) 培育人文历史底蕴

更多的校友认为同济还是应该注重培养人文历史底蕴,同济大学作为一所综合性大学,要在文化上要取胜,文化除了理工科还要有人文社会科学,只有通过学科的均衡发展,学校的整体气质才能更加升华。发展人文社会学科具有一定重要性和必要性,主要体现在两点:

首先,人文社会科学的影响是潜移默化的,表现不明显并不能说明它不重要,这是一种深入且持续的力量。有校友谈到,人文是基础的,只有打好这个基础,专业才会更好地提升。就像盖房子,人文科学是地下的部分,投入多但是看不见,可是我们都知道,基础是非常关键的。

特色还是办好专业,但不能说某专业比较弱就不办。可能这个专业在整个社会不重要,但是在同济整个学术氛围环境里面,这个分支里面很重要。比如有些学生就喜欢法律,听听法律的课,管理学的人听听法律课也是挺好的。也许真正的领袖人才还是得益于上了一节法律课。

——1977级机械工程专业校友

其次,要想创办世界一流大学,提升人文历史底蕴必不可少,甚至有校友非常直接地指出:"人文精神不足,这也是我们同济和世界一流大学的差距所在。"

同济是有很多优势,但相对其他综合性大学还是有短板的,尤其在学生人文素质培养这一块。你可以比较一下,清华和同济出来的学子,当年高考分数相差不大,可能就是十分八分,一些学霸除外,进同济和清华的学生普遍相差不是很远。但是后面会形成两种不同文化的学生,同济学生专业知识很好,但是人文和社会责任感、生活态度、看问题的方法会和清华学生有很大区别。现在同济很多毕业出来的学生大部分兢兢业业,很受欢迎。清华学生责任感、荣誉感很强,看问题思维更广阔一些。同济大学学生已经脚踏实地做得很好了,但是缺乏一些更大的社会情怀,你还得仰望星空。有很多东西是一理通、百理明的,只要掌握基本原理,出来之后看规范或者在前辈的指导下可以做得很好。所以可以省掉一些到研究方面才用到的功课,增加一些人文方面的教育。

——1989级地下建筑与工程系校友

在实际操作中,为提升人文社会学科建设,校友们为学校提出以下四点建议:

1. 文理互相渗透

一位校友讲到,国外的大学专业比较模糊,甚至同一个地区的大学学分可以互认,体现了一种开放性,文科和理科不能只选修自己专业或相关专业的课程。

国外的大学专业比较模糊,甚至同一个地区的大学学分互认,这就体现了一种开放性。不能文科和理科只选修自己的课程内容,所以应该压缩必修课的数量,增加选修课,特别是要实现文理科课程的跨界,这样改革,要求学生不这样做就无法毕业,学校要有这样的氛围才能让学生接受。

——1989级公路、城市道路及机场工程专业校友

2. 聘请人文社会学科知名教授

有校友认为同济的人文社会学科不能慢慢发展,慢慢沉淀,时间长了以后就有可能拖后腿了,快速聘请知名教授是一个方法。

工科学校配一些哲学、人文社会学科很必要。这些学科不能慢慢地发展,慢慢地沉淀。时间长了以后就有可能拖后腿。要怎么发展,通过快速聘请知名教授是一个方法。比如香港科技大学,才发展了几年时间,他就是通过聘请知名教授发展起来的。现在很多学校、学科之间的竞争大部分都是和大牌老师相关的,也叫做学科带头人,想发展就要有学科带头人。

——1986级岩土工程专业校友

3. 形成良性循环

看到一个很好的现象就是学校恢复了许多文科专业,虽然不是很全面。很多校友设立了文科基金,增加了投入,之前文科不能聘请好的老师,开设好的课程,那么培养出来的学生也会很一般。因为同济主要还是理工科院校,文科的排名是很靠后面的。我们应该向哈佛大学、康奈尔大学这样的世界一流高校看齐,虽然不是每个专业都很强,但学科建设更为全面。学校有很强的专业,就会有政府的支持以及校友的捐款,就能够聘请到最好的老师,购买最好的设备,才能做最好的科研,转化成为生产力,形成良性循环。

——1989级公路、城市道路及机场工程专业校友

4. 多举办提升人文氛围的活动

一些活动可以是社团活动,也可以是名师讲座,要增加整个校园的人文气息。

这种培养是多方面的,我觉得尤其是教学里面的一些没必要的功课可以删掉一些,加入一些人文的,还有平时的社会活动也好、讲座也好,提高学校的人文氛围。

——1989级地下建筑与工程系校友

(三) 后发学科发展路径

从1949年开始,为配合新中国教育资源统筹布局,同济大学历经多次院系调整。在接下来的二十年左右时间里,我们巩固了土木、建筑等学科的实力,也失去了文学、法学、医学、

造船等专业的优势。历史的车轮滚滚向前,在新时代的背景下,后发学科如何走自己的发展之路,成为一个备受关注的话题。来自不同学院的校友就自己的专业提出了各自的见解,本报告以同济大学医学院的恢复之路为例,深入挖掘我校后发学科的发展路径。

同济大学医学院的发展历史比较坎坷。1907年德国医生埃里希·宝隆在上海创办了"德文医学堂",后改名为"同济德文医学堂",并培养出裘法祖院士、吴孟超院士等一代著名医学家,被誉为"医生的摇篮";1927年8月,由南京国民政府教育部正式接管,命名为国立同济大学,原医科更名为医学院;20世纪50年代,在全国高等学校院系布局调整中,同济大学医学院整体迁往武汉,使得同济大学在较长时间没有医学专业;2000年4月,与原上海铁道大学合并,在原上海铁道大学医学院的基础上成立了"同济大学医学院",成为同济大学重点建设的学科。

自此,同济大学的医学院走上了恢复之路,有位来自2000级第一年恢复医学院的校友展开了他的回忆:

> 其实我是从湖南的一个小城市跑到同济的。但是在读书之前,说实话我对土木、建筑比较感兴趣。当时我2000年入校的时候,也是"北清华南同济",感觉同济大学在土木建筑方面还是很有名的,所以我当时也可以说是慕名而去的,而且同济当时在全国还是很有影响力的一个综合性大学。所以呢,我当时填志愿的时候,其实填的是同济大学土木工程系。高考录取我们这边是先估分,然后再填志愿,可能就是在估分的时候,跟我的实际分数有一定差距,后来土木工程系就没有录取我。因为我们那时的土木工程系也是比较紧俏的一个专业。当时我填了服从专业调配,那年刚好,我们是同济大学把铁道医学院并掉以后第一次联合招生。当年好像是4月份还是5月份并的校,然后6月份就招生了。招生的时候可能有很多都只是换了个名字,跟新瓶装旧酒一样,实际上这些所有的硬件可能都还没有更新,这个时候就开始招生了。而且,当时据我了解,我们那一级,就是2000级,有80%的同学都是各个专业调剂过去的,都是因为报了计算机、土木工程,或者其他热门专业,可能分数不够,然后又填了服从调剂。所以,那年把我们调剂过去了。后来呢,有了这次经历以后,其实后来学校在招生的时候,也比较人性化了,好像有一个专门的选项,同不同意调剂到医学专业,因为毕竟医学和其他的专业还是不一样的嘛。有些人如果不想学医,硬调剂他去学医,其实这个效果并不是特别好。所以,后来我们同学之间自己聊天,也发现有70%还是80%的同学,都是调剂过来的。另外20%的同学呢,报了个乌龙,大家都以为同济大学医学院就是同济医科大学,他们把那个同济大学医学院和同济医科大学给搞混了。其实他们想报同济医科大学,但是同济医科大学其实已经被华中科技大学给并掉了,他的全名应该叫华中科技大学附属同济医学院。
>
> 所以严格意义来讲,我们那一届的学生,是最苦的一届,也是说实话,相当于现在搞创业公司的一个创业者。所以呢,我也可以说稀里糊涂地读了医学。而且选同济大学,我是知道我要来的,但是为什么学医,这个我以前还真没有思想准备。而且,就是因为

这种经历，导致我在读大一的时候思想也开过小差。我当时读完大一，就想背包回家了，而且甚至我都跟我爸说好了，我说不来了，我下学期不来了，我回去高考复读去。因为我那个时候真的对医学(没兴趣)，觉得又累又苦，而且又没钱。所以我真的是准备拎包回家，然后复读一年，再去考其他专业。后来被我家人给制止住了，就一直硬着头皮往下读。

——2000级临床医学专业校友

如今，同济大学医学院正在不断稳步发展，被列入重点建设学科，并成为"拔尖创新医学人才培养模式改革试点""五年制临床医学人才培养模式改革试点"，取得了不错的成绩。除了学校一直以来对医学院的支持之外，还有其他因素使得同济的医学可以迅速发展，总结同济大学医学院这样的后发学科走过的发展路径，以及它未来的发展之路，校友们给出以下七点建议。

1. 保持积极乐观的心态

一位2000级临床医学专业的校友回忆说，他上学的时候，同济大学医学院还非常弱小，可以说还是襁褓中的婴儿，那时候医学院实力很弱，无论是从师资力量还是研究力量来讲，都是比较弱的一个时期。

当然，那可能是一个最坏的时期，也可能是一个最好的时期。

——2000级临床医学专业校友

校友的话耐人寻味，在"失望"中看到了希望，这种积极乐观的心态也帮助那段历史的人们一路前行。

2. 具有自强不息的精神

其实我们医学院2000级的学生应该能体现这种精神。我们这一届学生实际上在上海那个大环境里面，相当于比较弱势了。因为有上医、二医，还有军队医学院二军大，它们都是非常强的，而且其临床医院也是非常厉害的，人家品牌也是响当当的。我们这边相当于是第四梯队了。但是，作为第四梯队的学生，我们并没有放弃自己。我觉得我们还是有一种自强不息的精神，至少我们会尽自己最大的能力去做好每一件事情。

——2000级临床医学专业校友

3. 践行同舟共济的精神

同济大学之前的医学学科非常辉煌，因此现在的任务是重现辉煌，但是学校或者学院单方面的努力是不够的，需要学校、学院、学生、校友共同的努力。

同济大学以前的医学很辉煌，同济最初以医学起家，只不过后来医学给拆走了，所以我们相当于重现辉煌，正在走这条路，但是现在还没有到那一天，我们在不断地探索这条路,不断地在为之奋斗。而且这个事,是学生跟老师、校友跟学校,一起在做,我觉得是可以体现这个精神的。

——2000 级临床医学专业校友

4. 走好创新之路

同济大学医学院比较年轻,校友认为如果我们要拼学科品牌,是无论如何都竞争不过老牌医学名校的。同济如果想要弯道超车,就需要抓住新生事物,抓住未来的发展方向,对于新的诊疗方法,做一些积极的尝试,这样能够迅速在新的专业里面充当排头兵,更利于学科的发展。

> 大家知道,医生包括医院都是等级很森严的,所以整个医疗体系,它的等级很森严,你拼品牌肯定拼不过这些老品牌的医院,你不可能和协和来竞争。但是你的优势在什么地方,你的优势就是你小,可以说你是初生牛犊不怕虎。船大了不好调头,船小了的话,你就比较轻便,而且能够灵活地掌控嘛。为什么这么说呢,从同济医学来讲,我觉得经费比较少,相对来说它的体量比较小,而且它有一些新的医院。所以我觉得,医院或者是医学院的领导,应该更加抓住这些时代的新技术和新方向做一些研究,比如说现在我做脊柱方面,我们协和在脊柱方面做得是很好,做脊柱侧弯非常棒,但是我们在新技术方面的开展的确要落后于小医院。同济的话,像第十人民医院,我知道他们做那个微创是做得很好的,而且搞得风生水起。

——2000 级临床医学专业校友

一般来讲,小医院在新技术的应用方面,可能会快于老牌医院,原因在于老牌医院可能比较有"包袱",很难突破体制上的一些束缚。那位校友还提到:

> 我们协和都比较保守,可能其他医院迈错步了没关系,但如果协和迈错了,整个医疗行业可能就出问题了,因为我们是排头兵、老大哥,如果做错了一个方向,大家可能都跟着学,一着不慎会把整个行业都带歪,所以我们也比较谨慎。

——2000 级临床医学专业校友

5. 培养自己的师资团队

同济与上海铁道大学刚合并时,没有太多自己的老师,大多聘请外面学校的兼职教授来讲课,校友认为这样是没有意义的,兼职教授不会把同济当归宿,一定要培养"嫡系部队"。

> 培养"嫡系部队",不是说只留我同济的学生,是说我在招人的时候,可以兼容并包地招。包括协和,现在我们很多教授并不是协和医院自己培养的,他们是来自白求恩医科大学,或者来自全国各大医学名校,是招来做实习生的,然后把他们留下。让他们在协和发展,成长为现在的科主任,或者是中坚力量,但他们自己都是协和培养的。

——2000 级临床医学专业校友

6. 学生具有坚忍不拔的毅力

站在巨人的肩膀上,可以看得更远,但是对于后发学科来说,他们显然更像创业者,在一些校友的眼里,同济医学的发展不仅要靠学校、学院、老师的努力,学生更需要有坚忍不拔的毅力与执着向前的决心。

> 考研是一个很痛苦的事情,我觉得我这五年里面最痛苦的一年就是考研那年,我当时提前了一年准备,并且整整准备了一年。那一年里面没有寒暑假,没有节假日的,哪怕是什么国庆节五一节我都没有出去玩过。真的是白天就在医院里实习,晚上吃完晚饭,大概五六点钟,我就去自习。因为我们那时候已经在临床医院了,而且我在东方医院实习,那时候东方医院教学条件很差,连个学生的自习室都没有。你可以想到他们没有自习的地方,所以唯一能去看书的地方,第一个是你的宿舍,但宿舍有时候很吵,大家也不方便学习,而且我们一个宿舍四个人,你在里面看书,可能也会耽误人家的事,比如有些人想看看电影,或者做其他事放松放松,这样你们俩就互相打扰了。另外一个地方,你可以去科室里面,但是每个科室都很小,外面是医生,一个大的办公室里很多人,每个医生一张桌子,里面有个相当于医生聚会的地方。我记得,我那时候最常去的是心内科和消化科,因为跟其他科也不熟。或者有时有些科室把那个小会议室占了,连个自习的地方都没有了,当时每天到处到其他科里面蹭地方,真的是到晚上就开始看书,看到晚上十二点,回去饿了,就随便买点宵夜吃,然后接着看,看到晚上两三点钟才睡觉,整整坚持了一年。
>
> ——2000级临床医学专业校友

这段生动深情的回忆,充满了心酸与艰辛,虽然校友现在想起来是苦中作乐,但正是因为同济医学人坚韧不拔的毅力,才有了今天同济大学医学院从无到有的发展,未来的发展也需要传承这种精神。

7. 学校加大支持力度

校友认为,同济大学医学院之所以能够取得如此快速的发展,很大程度上得益于学校的支持,只有学校足够重视,才有更好的条件聘请优秀教师、购买科研设备、投入研究项目,因此,学校对于后发学科的支持也是非常重要的。

> 从现在来看,因为我们现在也有个校友群,所以我知道我们班的很多同学,还包括很多师弟、师妹们,现在发展得都很不错,并不比上医、二医的要差,甚至比他们要好。而且我觉得学校在这方面也是给了我们很大的支持和帮助,这对我们医学生未来的规划,包括对后面学弟、学妹的规划,给了很大的帮助,学校也做了很多工作。
>
> ——2000级临床医学专业校友

三、资源整合——软硬兼备

国家的发展需要硬件实力和软件实力的结合,学校的发展也同样如此。在问到对校园的印象时,校友们提到了"图书馆"(363)、"变化"(234)、"上海"(227)、"建筑"(156)、"时间"(119)、"学院"(75)、"食堂"(74)等词汇。校友们在回忆往昔的同时,也给同济大学的校园资源提出一些建议和意见。

(一) 硬件设施

一个高校的硬件设施是办校的基础,也是学校资源利用中最直接的表现。校友普遍认为,同济的硬件设施比较完备,可以保障同学们的学习、生活,但仍有一些需要改进的地方。

1. 图书馆座位管理系统不完备

图书馆作为给学生和老师提供学习氛围的场所,给许多校友留下了比较深刻的印象,但是图书馆座位管理系统的实施一直存在困难,很多学生不愿意遵循刷卡选座的规则,学生占座行为屡见不鲜。尤其在每学期考试周期间,图书馆开馆后便爆满,有些同学早到却无位可坐,有些同学晚到却有同学帮忙占座,虽然图书馆有反占座条例和"一卡一座"的座位管理机器,却时常无人问津。

> 一楼自习的位子很紧张啊,我遇到过同学们为抢位置打架的情况。我正看书呢,旁边两个哥们也不说话,互相扔东西,最后就变成肢体上的冲突了,后面被大家给拉开了,可能觉得互相影响吧。
>
> ——1996 级海洋系校友

2. 实验室的设备设施老旧

有位来自化学专业的校友提到她刚开始在同济学化学时有一个失望的地方,就是化学的实验室里有很多问题:实验设备老化,学生、老师对待实验态度不严谨,不注重安全措施。

> 学校的实验仪器,很多已经老化了、不准了,所以我们按照实验书上严格的步骤去做的话,测下来的结果其实是不准的,但是如果我们把不准的答案填上去,就会得低分。反过来你实验乱七八糟地做,但是在纸上演算出最终答案,把正确答案填上去,你就拿得到高分,我觉得这是非常违背实验精神的,非常有违科研精神的,所以在这个事情上面当时我是很伤心的。
>
> ——2003 级应用化学专业校友

> 其实化学实验室还是蛮高危的地方,我们就发了一个白大褂,啥都没有。我当时有在北师大读化学的朋友,他们会发护目镜啊、防毒面具啊、橡胶鞋啊。有一次做实验,出现了那种有毒气体,整个教室的人都泪流满面,被熏的,老师早就不知道跑哪里去了。我们都没有发过防毒面具这些东西,你要是自己想到了你自己去买,你自己没想到的话你就在那里受着吧。我有一次在实验室里面做实验,通风可能不是很好,待了一两个小时,就有点中毒,回去缓了三天,出现发烧的那种昏昏沉沉的症状。其实是因为把那个苯酚放在一大桶水里面,在一大桶水里面滴了几滴苯酚,然后它就挥发,挥发了 100 个

小时就中毒了。其实很容易出事情，我觉得学校这方面其实太散了。

——2003级应用化学专业校友

（二）校区建设

同济大学在上海有四个校区，分别是四平路校区、嘉定校区、沪西校区、沪北校区，其中，四平路校区和嘉定校区规模最大，学生最多。同济的校区安排并不是单纯按照年级或者专业，因此会出现有些专业的学生从入学到毕业都在一个校区，而有些专业的学生要去两到三个校区的情况。针对同济的校区建设，校友们提出以下五方面的意见。

1. 多校区学习，学业不连贯

一些学院的同学，如软件学院的同学大一在四平路校区学习，大二、大三去嘉定，大四由于实习的原因又回到四平路校区，校友直言："太折腾！"

> 我是本部一年级，嘉定待两年，然后大四因为我们学计算机的人必须要在公司，不能在学校，所以我们又回来本部，交通比较方便。比我高一年的（学长学姐）是三个地方，沪西还有一年。其实我感觉大学四年都在本部的话，会比在不同校区跑来跑去更精彩，因为很多计划都被打断了。

——2006级计算机系校友

2. 不同校区课程无法互选

有校友在学习期间想要选不同校区的课程，但是由于相隔距离太远无法实现，而且他讲当时很多优质的课程都在四平路校区，这使得学生能够掌握的资源不够平衡。

> 同济校区太多了，一年在这边，一年在那边，这个我觉得也是一个问题。另外，比如说我想学很多优质的课程都在本部，事实的确是这样。

——2006级计算机系校友

3. 校区之间缺乏文化传承

有校友觉得四平路校区和嘉定校区不像一个学校，无论从校园氛围还是学校建筑来看，都不像来自同一个系统，缺乏文化的传承。

> 校园文化真的非常重要，在嘉定就丝毫没有感觉到它是同济的一部分。我刚才讲的上海铁道大学也是这样，你进来以后（发现）这几个校园，四平路这边当然是有很浓重的同济氛围，但是到嘉定那边又变成另外一个样子。我研究生到嘉定就感觉被流放了，没有很好的校园氛围，我觉得这是蛮重要的事情。

——2001级交通工程专业校友

4. 处于市区的校区周围太过商业化

> 我觉得还是我们那个时候的学校更适合读书,那时候没有那么多人、那么多车,楼没有那么高,没有那么拥挤,没有那么商业化。现在的同济就比较商业化,我们那时候的学校更宁静,更像一个大学,所以还是很怀念那个时候的。整个学校气氛更像一个求学的地方,现在更社会化一点。
>
> ——1989级地下建筑与工程系校友

5. 嘉定校区的校园活力不足

有校友觉得嘉定校区不像学校,更像一个工业园区,在四平路校区可以经常看到学生们坐在校园里自习、早读或看书,也有人坐在一起谈事情,河边、草地到处都可以看到学生的身影,但是在嘉定校区看不到人在外面驻留,校园里空空荡荡的,没有活力。

> 在嘉定校区看不到人在外面驻留的,外面空空荡荡的,没有活力,其实那个校园真的一点活力都没有,十几年了,当时嘉定校区第一批学生在2004年的时候搬进去,到现在为止还是没有什么活力,整个的校园文化包括校园的一些原来的规划需要再去重新做的。
>
> ——2001级交通工程专业校友

由于这位校友来自交通运输学院,而他们有一块研究叫做"慢行",因此他组织学生调查过嘉定校区学生的互动特征,结果表明,那边学生的活动空间其实非常小,在校园内基本就是到图书馆、教室、寝室、商业街,很少在外面停留,因此他认为学校应该开展活动鼓励学生多交流。

另一位校友也提出这样的建议,他认为嘉定校区活动比较少,可以适度增加一些。

> 我觉得同济在电影、文法和社会科学这一块比较好,我也参加了一些。但是嘉定校区那边活动比较少,在本部条件比较好,隔壁学校有什么活动,我们当时也可以过去参与。
>
> ——2006级计算机系校友

> 我觉得有时候想想也挺悲哀的,同一批分数段进来的学生,到了大二就变成完完全全不同的两类人了。说小一点关乎学生个体的发展,说大一点可能会潜移默化影响到学生对同济的感觉。是不是以后嘉定校区会变成另外一所学校,就像美国伯克利分校一样,嘉定校区慢慢地就独立运营了,我觉得这个是很坏的一个情况。
>
> ——2001级交通工程专业校友

(三) 校友互助

很多校友走出校园、走上工作岗位后,更感受到人脉的重要性,而校友作为一种资源、一种重要的平台,校园软实力如何为其他校友、学校和在校生提供养分,并也从中获益?校友们提出以下四点。

1. 年轻校友多参与校友会活动

> 年轻人肯定和我们不一样。现在年轻人可能对搞的一些讲座不一定感兴趣,搞一些活动可能更感兴趣。但是他们还没体会到校友会这样的组织能给他们带来的帮助和资源,还是偏重于个人的、个性化的生活体验。对于年轻校友而言,来校友会做贡献做义工,得到的回馈会大于付出的。我们作为师兄,对于年轻校友,不管在政界还是企业界,都会帮助你的。我感觉现在年轻人不是特别主动,他们积极奉献的观念和社会责任感比较弱。

——1986级岩土工程专业校友

2. 校友多支持学校活动

如今,企业不断到学校招收人才,因为他们需要创新的人才,需要学校里的科研成果运用到企业里面,提高科技水平,降低生产成本;而学校里人才多、时间多,但是缺乏资金。这样双向互补合作起来,是一条非常好的发展道路。

> 学生活动平台,汽车学院做得还比较好的,有汽车文化、汽车工程研究等各类竞赛。汽车学院在企业界有很多师兄师姐,对学校的这种活动比较照顾。学生搞的一些主题活动,都是宝马、奔驰来赞助的。我们很多活动其实也是依托了师兄师姐的关系。所以我觉得这个平台,包括我们校友会的网络搭建都是比较好的。

——2003级车辆工程专业校友

3. 校友可以回校任教

有校友提出在实践中有丰富经验的人回过头来可以去承担一部分实际的教学任务,这个是帮助学校和行业发展的一个很好方式,可以让象牙塔变得更纯净,但是同时这个象牙塔又不会和社会脱节。

4. 学校为校友提供方便

有一位校友谈到自己回校无法去食堂吃饭的问题,希望学校尽快想出安全可行的办法,可以方便校友回校时还能吃到同济食堂的饭菜。

> 一次回学校饿了到学苑食堂吃饭,阿姨说这边已经不能买票了,以前可以买票的,校友回来就不是很方便。以后校外校友回来是不是可以办张卡,直接过来刷卡用,可能方便一点,但是这样想呢可能不太方便学校的安全管理。我记得那时候有个中银卡,我毕业的时候让我们办,但我说我不想办信用卡,很麻烦。但是后来想想呢办一张这样的卡还是蛮有必要的,可能突然间过来一次去图书馆看书、查查资料还是蛮方便的。

——2010级马克思主义中国化专业校友

(四) 提高并传播同济声誉

在校友调研访谈中,许多校友无一例外地都谈到同济的低调。同济人踏实肯干的精神已经深入人心,但是学校声誉作为一种软实力,不能被忽略。我们一直以来都是靠成果来被人所知的,但这也使得同济的很多贡献被埋没,一位刚刚在美国工作的校友描述道:

> 我一直觉得同济非常低调,我们也需要注意一下宣传,因为我觉得有时候同济很多好别人不知道,需要你跟别人去宣传,让别人知道同济有多好,很多时候同济做的很优秀的事情,比如对整个城市的贡献,并没有被大家广为所知。我们这些真正身在这个学校,频繁接触那些教授的人可能真的知道,但是那些不在学校的人根本不会知道这些细节,我觉得同济还是要加强宣传,加强跟新闻媒体的沟通,这样我们就可以吸引到更多更优秀的学生。
>
> ——2009级景观学专业校友

如何提高学校并传播同济声誉?主要来自两个方面:提升学校排名和扩大区域影响力。

1. 提升学校排名

虽然有个别校友认为学校的主要工作不是评比,还是教书育人,把学生培养好,把科研搞好,我们的学校才会好,学校的声誉不是靠评比,而是靠学生、老师和科研成果以及对社会的贡献,是常年积累的结果。但是仍有不少校友对母校排名还是比较看重的,并且对同济现在的排名表示不满。

> 同济的排名如果再维持现状的话,我估计再过十年,可能还会再下降二三十名。之所以会这样推断,是因为在过去十年、十五年,建筑行业在中国得到了蓬勃发展,同济是以建筑作为主攻方向的一个学校,如果在这样的情况下,同济的排名没有提升反而下降,那么在未来的十年到二十年当中很显而易见的是建筑行业会不断走下坡路,就是在国家经济当中所占的比例以及推动社会经济发展的方向当中会越来越弱势的。在这样的情况下,如果同济在现在这个时间节点不能利用前面的优势尽快转型的话,无疑会被社会淘汰,当然我说的淘汰是指被一流的、最先进的行列淘汰。
>
> ——1980级工程地质专业校友

有校友指出学校的排名会影响校友的积极性,如果学校的名气走下坡路,他们的底气就没那么足了。

> 同济的弱势就是"仰望星空"不够。我们同济人做事还是比较含蓄保守,很多事情不愿意出头,比较保守,不好意思。
>
> ——1986级岩土工程专业校友

学校的排名一有下降,老校友就会想这是怎么回事啊,以前我们在的时候不这样。

因为我们出来会说我们是同济人，自己作为同济人是非常光荣的。从校友的角度来说，学校的名气往下走的话，我们的底气就没那么足。

——1978级工民建专业校友

对于同济大学在国际和国内的排名不能令人满意的原因，有校友认为跟评估体系有关，如果改成评估社会贡献，那可能就不一样了。

同济现在排名好像是二十几，但是同济生源是很好的，学生高考的分数在很多地方是很靠前的。同济排名之所以上不去跟评估体系有关，如果说评社会贡献，那可能不一样了。我看了一份调查，毕业生的薪酬待遇、社会欢迎度、认可指标，这些同济都还很好。作为校友还是希望母校能够宣传自己，这样学校的地位和生源会不同的，生源好的话，会形成一个良性循环，提高我们学校的素质和水平。

——1982级地下建筑工程专业校友

2. 扩大区域影响力

同济在全国拥有广泛的影响力，这是毋庸置疑的，但在不同地区影响力是不均衡的。

同济在全国广泛的影响力肯定是没问题，但在区域里面，优势是有局限的，区域里的力量不够。在上海、深圳这样的经济发达地区肯定没问题，但比如说江西，认可同济是一定认可的，但是同济的影响力到不了那里去。因为有当地毕业生这个圈子，包括一些常规问题的处理，一些咨询服务，同济优势就有局限了。当然要说投资比较大的项目，同济现在也可以。但要说日常的一些圈子里，日常技术的处理，就算你很精很尖，但因为圈子的关系，还是会有一些影响的。这个当然也不光是同济这一家的问题，包括清华也一样，在各地的影响力也还是会不一样的。

——1982级地下建筑工程专业校友

原来觉得同济是一个影响力很大的学校，但是现在发现同济校友工作的区域性太集中了，大多集中在北上广沿海一带。像西部、北方，好多地方校友特别少。像在广西这边交通行业里面，影响最大的是长安大学和长沙理工大学。

——2008级交通运输规划与管理专业校友

四、个体成才——传承经验

同济精神之所以能够代代相传，和南、北教学楼前伫立的国立柱上的四个大字有关，那就是"继往开来"。同济人一直很重视思想、经验的传承，大多数已经离开大学校园的同济校友们依然怀念校园时光，他们的学生时代既有收获也有遗憾。他们总结和凝练出的经验可以成为在校生的宝贵财富，帮助学弟、学妹们少走弯路。

在此次调研中，当问到"经验分享"时，校友们提到较多的词汇是："学习"（433）、"专业"（380）、"老师"（244）、"社会"（182）、"时间"（178）等。校友们通过对自己曾经学习、生活场景

的回忆,在珍惜时间并提高效率、培养情商、参加校园活动、多读书、保持良好心态五个方面对学弟学妹们提出以下几点建议:

(一) 珍惜时间并提高效率

1. 珍惜时间

一位校友在讲到他身边的成功人士的三个特点时,首先说到的就是学会时间管理。他讲到,人的时间是很有限的,怎么样管好自己的时间,把时间充分地利用起来,其实是一门艺术。

> 人的时间是很有限的,你怎么样管好自己的时间,怎么样把你的8个小时,或者是12个小时的时间给充分地利用起来,其实是一门艺术。像有些人,你会觉得他很强,但你并没有看到他每天很狼狈地疲于奔命,你反而觉得他很轻松,那肯定是人家的时间管理上做得很好。
>
> ——2000级临床医学专业校友

结合校友们的遗憾,一些校友指出现在学生把很多时间浪费在玩手机、玩游戏上,只有每天都能真正地、不断地学习,从各个方面锻炼自己,未来才能成为富有竞争力的人才。

> 能考上同济都是不容易的,要珍惜这段时光,不要浪费时间,尽量地多参加活动、多接触社会、多了解社会、多参加学校里的活动,一定要尽量丰富自己的知识、开阔自己的眼界。
>
> ——1987级工程力学专业校友

2. 提高效率

在珍惜时间的同时,还要提高做事效率、掌握学习方法。

> 学霸不一定是因为天天泡图书馆或是上课认真听讲,才使得学习效果比你好,而是因为他有自己的方法,甚至人家还参与很多的学生活动,成绩也不差。
>
> ——1989级公路、城市道路及机场工程专业校友

很多校友都谈到这点,对于新入学的同学,掌握知识是第一位的本职工作,但也要学会合理安排时间,掌握科学的学习方法来提高效率,并且尽可能多地参加社会活动。因此,珍惜时间和提高效率是分不开的,只有这两点同时做到,才会达到事半功倍的效果。

(二) 培养情商

时代在变迁,社会对人才也不断提出新的要求,当学生毕业之后需要了解并适应社会时,除了需要有过硬的专业本领之外,也需要有较高的情商,所以很多校友认为对于情商的培养也应该是大学的一个必要课程。

大学里面最重要的一点首先是学会做人,第二个就是学会专业知识。就是这么说,第一个做人,第二个做学问,第三个就是做事,做事就是你要有情商,要有社会沟通能力等。

——1999级工程管理专业校友

首先,情商高的人更容易受到欢迎。现在求职来讲,智商是基础,但情商高的人在待人接物、灵活应变方面会更胜一筹。

同济出来的智商肯定没问题,但有的情商就是不够。我觉得现在有的学生好很多了,但是这方面还是要加强。一般智商没问题,情商高的更受欢迎,以后进步的速度更快一点。

——1979级工业与民用建筑专业校友

其次,情商高更易适应社会,在团队合作中尤为重要。有校友认为要个人去适应社会,而不是社会适应个人。

自己适应社会,不是社会适应你,不然就变成恐龙被淘汰掉了。恐龙为什么没有了,它适应不了社会的变化,适应不了就没有了。从古至今都是这样的,自觉地融入社会、自觉地发扬团队精神,在社会中发挥的作用更大。

——1959级应用化学专业校友

相比其他学校,校友更担心同济学生的情商培养,一方面是因为校友关系,另一方面是因为同济人的低调。

同济人实在是有时候低调得低入尘埃的感觉,可能身边默默无闻的同事都发现不了你,要让自己开朗起来,要乐于助人,尤其是在同事或者朋友处于低谷的时候,或者他们真正需要你帮助的时候你要拉一把,学会分享,人要宽容,其实要懂得吃亏。

——2004级国际政治专业校友

我刚参加工作的时候,经常直接拒绝领导,拂了人家面子,不会变通。如果说能够在学期间就加强对学生情商的培养,那么我觉得可能以后弯路会少走一点。

——2001级交通工程专业校友

学校出来的学生会想更多的规矩,不想太多的迂回,做事情的时候不怎么会变通,经常是实打实的,说一些别人不想听的话,说的都是自己的真实想法,处理问题相对来说可能简单一些。

——1984级机械制造工艺设备及自动化专业校友

(三) 参加校园活动

在此次访谈中,许多校友提到培养广泛兴趣爱好的重要性,建议在校生多参加校园活

动,包括社团活动、体育锻炼等,一位校友提出一个很有趣的观点:

> 大学时期不会玩的人,以后也很难有大的成就。要擅长团队合作,不能只局限于单打独斗,要善于交流。
>
> ——1986级城市规划专业校友

1. 拥有广泛的兴趣

> 要培养广泛的兴趣,不要局限到某一点上,特别是游戏这些无谓的点上,广泛的兴趣对你个人的世界观、思想的提高是潜移默化的、非常重要的。听一段音乐,我听的和他听的感受不一样,仅仅是享受感受不一样?不是享受的问题,其实它还影响了你的思维,这个是有一种联系的。如果有一点美术基础,自己在家布置也不一样。你在工作岗位上好多形象的思维脑子里面就会有,所有这些东西我觉得也都需要兴趣。
>
> ——1982级岩土工程专业校友

2. 活动不会耽误学习

对于有些同学担心的校园活动会影响学习成绩,一位校友给出了以下回答:

> 成长需要时间、经验需要经历,这个东西不是凭空能想象出来的,要通过一些社会的接触。积极,主动,要有坚持,只有认定了这个方向,不断坚持才能有收获。
>
> ——2004级结构工程专业校友

> 非常推荐他们参加社团活动,这东西不会耽误学习。我要在学习好的情况下在别的方面也有所建树。比如文体工作、社会实践等等。我鼓励他们去尝试,人的潜力和能量一定会被发挥出来,但是千万不要把时间全部花在看剧或者打游戏上。
>
> ——1987城市燃气专业校友

3. 多参加体育锻炼

> 同济给我养成的健康教育也是很好的,身体、精神都很重视。我们公司有游泳池,员工进来都要学会游泳的,一个半月考核。蛙泳深水2 km一小时、自由泳100 m、蝶泳、仰泳、跳水,每个人都要合格的,专门请了国家一级教练来教的。这个也是同济养成的。也提倡跑步,有运动会。我在同济也参与很多运动的,不然不可能75岁了还工作的。我们也教导我们的员工防止"三高",提倡健康的生活方式。我们每周末有晚会,年轻人参加。以前同济的学生交谊舞都会的,华尔兹,尤其是快三,锻炼大脑平衡,防止老年痴呆。
>
> ——1959级应用化学专业校友

(四) 多读书

一些校友还提出要多读书的建议,不只是要读专业书籍,更要读一些与未来规划相关的书,并且随着跨学科的发展越来越重要,读一些其他学科的书也是很有必要的。

> 与专业没有关系的书也要多读一些,特别是历史方面的书要多读一些。如果你喜欢商业方面的就多读一些商业人士的自传类书籍,肯定有帮助。其实我觉得人还是分类型的,比如说你想去做官的话,你要多读一些历史和社会这类的书;如果你也做商业的话,你肯定要去管理学院听一些相关的企业管理和商业方面的课,多读市场战略,竞争战略这种书籍。
>
> ——1983级道路交通专业校友

> 其实你现在在本学科里面做事情实际上都已经非常难了。现在大多数的专利都产生在跨学科当中。所以我觉得要给一些建议的话,那就是依据自己的兴趣跨学科多读书。
>
> ——1983级道路交通专业校友

(五)保持良好心态

随着时代的变迁,如今的高校学生将面临更多的压力、更多的挑战、更多的诱惑与更多的选择,对于这一点,有校友提出保持良好的心态非常重要。每个人都会面对成功和挫折,每个人人生都会有高潮和低谷,没有人能一直成为常胜将军,所以应该调整好心态。

首先,面对压力与挑战时,应该保持一份年轻的心态。一位校友分享了一篇诗朗诵,里面有两句话是"做你想做的,见你想见的"。

> 我觉得人生还是要保留这份勇气和纯真,要有这种年轻的状态。可能十年二十年以后我们青春的容颜不在了,我还是依旧保存一份少女心,这真的对一个女人很重要。
>
> ——2004级国际政治专业校友

> 像我这样做实业的,同济的很多专业都不是很时髦,未来可能也不是很高薪,但这些专业是国家不可或缺的,是很多事业的基础。既然我们肩负着这个使命,我们就必须坚守住这个岗位,这就需要我们的责任感和沉着沉稳,不能像搞金融或者搞艺术的一样跳跃。做实业和做软件也不一样,年轻的时候可能是做软件最好的时候,但是我们做机械这样的实业,我们的行业更需要积淀,需要在今后的道路上不断学习,沉住气。只有多付出,回报才会有,这是非常重要的。
>
> ——2003级机械设计制造及自动化专业校友

正如这位校友所讲,同济人不能浮躁,坚持梦想被很多人看来是固执的,但是却有那么多校友在经历岁月的磨练之后仍然告诉后辈要坚持梦想,做自己喜欢做的事,在诱惑和挑战面前保持一颗执着的心,也是一部分校友对在校生的希冀。

第四章
总 结

校友是一所大学的宝贵资源,是检验大学人才培养、教学成果的试金石。了解校友的成长、成才规律对总结学校人才培养成果及把握未来发展方向具有重要意义。在同济大学110周年校庆之际,同济大学校友会联合社会学系,启动了"同济大学校友发展研究项目"。校友会秘书处工作人员、社会学系40多名师生以及来自学校其他专业的学生访员,共计100多位师生参与了此次调研工作。截止到2017年4月底,项目组通过问卷调研了6 444位校友、面对面深入访谈了307位校友、开展小组座谈15场次,访谈资料累计约400万字。所得问卷和访谈资料通过专业统计软件SPSS22、Nvivo11和MAXQDA12进行科学分析。

以下从校友的成长历程、社会贡献与责任、对学校的发展意见等方面介绍核心研究发现。

第一节　求学历程

校友入学时的状态

根据定量分析结果可知,最近十年来,同济招收的本科生当中,农村生源的比例稳定,没有出现下降的趋势,同时在西部地区的招生规模显著增加。此外,作为以理工见长的传统名校,一直被认为男多女少的现状,随着同济人文学科的发展,已经有所改变。当前同济学生(本科)的男女性别比例,总体上已经接近平衡,但是在专业分布上存在明显差异。

报考同济大学的动机

除了上海的地域优势外,报考同济大学的最主要动机还包括:同济声誉的吸引、专业特色和著名学者的吸引、校名独具特色、地处上海的地缘优势、"同舟共济"与自由、开放、包容的人文精神等。

校友的学习过程

在学习成绩方面,不同年代校友、不同地区校友、来自城市或农村的校友之间没有明显区别,同济校友学风优良,已经形成了良好的传承。校友们在学习过程中得益最多方面包括:得到良师的指引,培养了自主学习的能力,受到了扎实的专业训练和科研思维训练,并且在同济严谨求实精神的熏陶下,为他们的人生道路打下了良好的基础。

校友的深造机会

近40年以来,同济校友选择读研或出国深造的比例逐渐增加。相对来说,女生选择读研或出国深造的比例高于男生,来自城市的学生高于来自农村地区的学生,中西部地区的学生读研比例较高,而上海及东部地区学生选择出国的比例较高。

校友的校园认同

同济校友有强烈的校园认同,这主要表现在,相当比例的校友仍然能够熟记自己的本科学号,对大学时代的老师、课程仍然记忆犹新,对当时的社团组织和校园活动(舞会、足球联赛、十大歌手、毕业晚会等)仍然深刻怀念,校友们对当时的校园生活场景都非常怀念,如一些标志性建筑(校门、毛泽东像、三好坞、大礼堂等)、事件以及同济食堂、樱花大道等。

校友的校园满意度

在校园文化、资源配置、师资力量、基础设施建设、学生会/社团活动等方面都得到广大校友好评,但是在业界互动交流、招聘会/出国资讯、学生职业规划/就业指导等方面,还有一定的改进空间,需要引起相关职能部门关注。但是从趋势来看,近40年来,校友们对同济师资力量的评价呈现下降趋势,反映近年来同济在人才引进、师资队伍管理等方面存在一定问题。

校友的校园遗憾

校友们从大学生活中获得专业知识、同学情谊之外,也存在一定的遗憾。主要表现在两个方面:第一,学习的专业不是自己理想的专业。在学校缺少转专业政策的时期,限制了一部分校友的专业学习兴趣。但是转专业政策虽然给广大校友提供了再次选择专业的机会,但也带来了一些负面问题,比如有些弱势专业校友表示,有些同学往往借该专业作为跳板(高考录取分相对较低),进入学校后转向强势学科的现象时有发生,从一定程度上来说不利于该专业的发展。第二,部分校友表示,学校在教学中人文社科方面的内容略有缺失。在新时代下,对人才综合能力的重视程度越来越高,在工作中不仅仅要能够独当一面,还要能够团队协作,因而对学生的跨学科学习能力、领导力、沟通能力、人文素养等提出较高要求。

第二节 就 业 创 业

就业过程

1996年,国家取消对大专以上学历学生就业包分配政策以来,学生的择业范围更加广泛,但由此也出现一些新的趋势,如学生所学的专业和就业岗位之间的关联度逐渐下降。同济校友的就业稳定性强,有相当比例的同济校友除了在单位内部变动之外,更换工作单位的比例较低。在校友对工作满意度的评价方面,收入是主要看重的因素,并且有相当比例的校友对自己的收入状况不满意,这也是导致他们更换工作单位的重要原因。

校友的职业地位

总体来看,同济校友在建筑、制造等实体经济行业中占大多数,岗位方面从事经营管理、规划/建筑/建材、设计、互联网和人力资源管理等占有相当多的比例。校友们的职业地位在社会中处于相对较高的水平,例如,在党政机关、事业单位中位于处级及以上行政级别的比例,在国有企业、私营企业中处于中高级管理岗位的比例,具有高级专业技术职称的比例以及创业的比例等都相当高。

校友的创业经历

在参与调研的同济本科校友中,有近22%的校友有过创业或计划创业经历,目前仍在创业过程中的校友比例也达到15%左右;从校友创业的行业来看,与自己的专业领域相关度较高。在创业取得成功的要素方面,校友们认为最重要的首先是"坚持",要有持之以恒的毅力;其次是"执行力",良好的执行力能够将理念转化为实践;再次是"规划",要根据自身和创业组织的特点,明确行业发展的方向;最后是"创意",创新力是企业生存的核心,是竞争力的源泉。这些特性对当前大学生"双创"有重要启发价值。

校友职业成就反思

总体来说,同济大学校友的责任感、专业能力、执行能力、知识性、自信心、适应性、进取心等方面都在企业中有非常高的评价,但是在待人接物、全球视野和文理兼修这方面还有待加强。而在职业选择中,校友们最看重的因素是薪酬福利、社会认可度、工作适应和稳定性以及工作环境。

第三节 校友的社会贡献与责任

同济建校110多年以来,为祖国培养了一批又一批杰出的工程师、设计师、城乡建设人才等。而且由于同济优质的教育,加上学科发展的不断完善、培养目标的不断明确,同济人不仅在工程技术领域贡献突出,在管理领域也取得不俗的成就;他们秉持同济的专业精神,严谨、求实、团结、创新,引领着专业和行业的发展。而且,从建校以来,同济人就一直以实际行动服务着祖国的建设和发展,真正做到了"与祖国同行,以科教济世",创造了不容忽视的影响力。

专业精英

同济大学对社会的巨大贡献之一,就是培养了一大批兢兢业业、基础扎实的高级工程师、建筑师、设计师、城乡建设人才、管理干部、创新人才等。尤其是同济人承担了一大批总工、主任工的重要角色,很多校友都逐渐发展成为了技术干部与技术领导。

社会栋梁

同济人不仅是各自专业方面的精英人才,更是肩负国家建设、社会发展的栋梁之才。同济人始终以国家、人民的利益为首,凭借过硬的本领肩负起实现中国梦的重任,成为引领社会发展的排头兵,在各行各业都发挥着重要的社会影响力,尤其是在我国现代化建设一系列重大工程中都起到了顶梁柱作用。

校友反思

同济大学在人才培养方面已经取得巨大成就,受到社会各界高度赞扬。但是校友们指出,我校在人才培养方面还有几点需要深入思考、进一步强化。首先,在创新人才培养方面,不少校友提到同济人要进一步激发出创造力;其次,同济校友中领袖人才较为缺乏;再次,在人才培养上还应强化综合素质教育,需要具备可持续发展的眼光。

同济精神

同济大学以"同舟共济"为校训,以"严谨、求实、团结、创新"为校风,这是同济精神的核心内涵,在每一代校友中都得到传承。校友们认为同济精神中最具代表性的首先就是严谨求实、实事求是的作风。其次是工匠精神,就是在工作上扎扎实实、锐意进取、精益求精,在事业上追求极致等。再次是团结协作精神,正如同济校徽的含义:三人成众,同舟共济,向着建设一流大学的目标奋力拼搏。

第四节 同济发展建议

"双一流"的学校定位

校友们非常赞同和支持学校在"双一流"建设中的决策定位和目标举措。同时,校友们指出,在"双一流"建设过程中,要挖掘同济大学的创新潜力,加大资金投入支持,注重本土化和国际化平衡发展,加大人才引进力度,建设一流师资队伍,建设包容性人才培养平台,因材施教,提高学生综合能力。

学科发展布局

同济大学作为一所综合型大学,一直强调文、理、工、医等各学科同步发展。回顾历史,我们在很长一段时间都是以土木、建筑专业为领头的工科学校,但是时代的发展给高校提出了新的要求,在新世纪向综合性大学迈进的路上,面对不断出现的挑战,校友们给出了同济未来学科发展的建议——文理兼修,全面发展,既要发挥传统理工科的优势地位,也要培育同济大学的人文历史底蕴。

资源整合

学校的全面发展需要全面整合和提升现有资源,校友们对此提出如下建议:(1)硬件资源。校友们指出图书馆对学生的成长发挥了巨大作用,但是在座位管理系统上仍存在不足。另外,部分实验室设备存在陈旧老化、管理不规范等问题。(2)校区资源。同济有多个校区,因此会出现有些专业的学生要去两到三个校区就读的情况,也存在着出行不便、不同校区间资源不平衡、缺乏文化传承等问题。(3)校友资源。校友是学校发展最可信赖和依靠的一支强大力量,应充分发挥校友"传帮带"的作用,同时也应利用校友资源优势反哺母校发展。

通过此次调研,我们认真总结了校友们的成长规律和学习、就业、创业的心路历程,感受到了同济校友的高度荣誉感以及他们对于母校发展的殷切希望。本次校友调研仅仅是一个开始,我们将持续关注和追踪校友的最新发展状态和他们对母校培养的反思与建议。同心同德同舟楫,济人济事济天下。此次调研得到了各地校友会及广大校友的热情支持,在此表示诚挚感谢。